高倉健の身終い

谷 充代

角川新書

序に代えて――黙約――

二〇一七年十一月、高倉健（本名・小田剛一《おだたけいち》）さんの祥月命日を迎えようとしていた。

今になっても健さんの遺骨が埋葬されたという話を聞いていなかった私は、福岡県中間《なかま》市にある小田家の先祖の墓を訪ねることにしていた。

そこには、父親、母親、兄の骨が埋葬されている。

墓参りの予定を、東京でデザイナーとして働く健さんの甥《おい》、森健《もりたけし》さんに報《しら》せた。その返事には、

「伯父《おじ》のお寺に記念碑を建立する事になりました。お寺の入り口ですので是非見てください」

十一月二十一日、私は菩提寺《ぼだいじ》の門前に立っていた。

門前から左手に、健さんの記念碑は建っていた。

高さは健さんの身の丈一八〇センチほどだろうか。立派な石碑だった。

住職に招かれ本堂に通された。

「剛一さんが亡くなった時に、寺の方から戒名の話をしましたが、荼毘《だび》にも参列できず遺骨の行方も分からないという妹の敏子《としこ》さんは、

『未《ま》だ、その時ではないと思います。時が来たら、戒名を付けて戴《いただ》きます。今は小田剛一の魂に掌《て》を合わせるだけです』、そうきっぱり話されました。

ご家族の仏を想う気持ちに心打たれます。

あの石碑は親族の方が相談していたもので、甥の健さんが石の購入からデザインまで全てをやられた。

石は茨城県つくば市で採れた筑波石。その地は小田家と縁のあった土地で、小田城の跡地もあるそうです。小田家はそこの城主の末裔《まつえい》に当たるという話です。

表面には、剛一さんの好きな言葉『寒青《かんせい》』という二文字。後ろにある石段からも眺めてもらいたいと、背面に牡丹《ぼたん》の花が六輪。剛一さんのご家族六人の魂を刻んだものだと伺い

ました」

寺を辞す夕暮れの空に飛行機雲が長く伸びていた。住職が、

「こんなにはっきりした飛行機雲はそうは見られません」

まるで西方へ伸びゆく昇り龍のようだった。

＊

健さんから兄妹《きょうだい》の話を聞かされたことがある。それは先方に病気の人が出たりした時が多かった。

唐突に、

「いい病院じゃなければ駄目だ。金は幾らでも出すから、一番進んだ方法で治療してもらえ」

耳に携帯電話を押し付け、窓際に立ちながら大声で話しているのだから、嫌でも私達の耳に届いてしまう。

兄妹が病気をした時の心配の仕方も半端ではなかった。電話の向こうの人を心配してい

るのか叱っているのか分からなかった。
だが、最後まで話を聞けば、傍《そば》に居てあげられないもどかしさから発する思いやりに他ならなかった。

健さんが亡くなる半年くらい前だろうか。妹の敏子さんは江利《えり》チエミさんの夢を幾度か見たそうだ。

「虫の報せというのでしょうかね。ちょっと胸騒ぎを感じて上京しました。そして、チエミさんのお墓参り（世田谷区瀬田《せた》の法徳寺《ほうとくじ》）をしたんです。そこからすぐの所に兄は住んでいます。忙しいと思いましてね。寄らずに帰ってきたんですよ。その時に無理にでも会っとればねえ」

健さん没後から有名税とでもいうのか、あれやこれやと世間が「高倉健の周辺」を騒ぎ立てている。その度に、親族への取材が行われ、敏子さんは律義に正直に己の心情を吐露している。

『週刊新潮』（二〇一五年十一月十九日号）には、『没後1年で語られ始めた「高倉健」密葬の光景』が掲載された。

健さんが生前、確保していた霊園の管理費が滞納。健さんと親しい人達がその状況を心配している、という記事を受けて事情を知る人が以下のように語った。

「(健さんの)養女は密葬の席で、〝みなさんにお骨もお持ち帰りいただきたい〟と提案したようですが、一方で健さんの妹の敏子さんは正式に遺骨と対面できないでいる。だからといって(敏子さんは)決して不満を漏らすことはないのですが、初盆を迎えた今年夏ごろにふと、〝あたたかな言葉がひとつでもあれば……〟とこぼしていたことがありました」

これを敏子さんに質《ただ》すと、回答としてこんな句を寄せた。

〈霧の花胸三寸に収めけり〉

国民的俳優の遺志、養女と健さんの妹の意思。それらがひとつに結ばれる日が待たれるのである。

(新潮記事了)

*

魂は永遠という人がいる。
亡くなる一カ月前に妹さんへ電話をしてきた健さんが、「仏は上から観ているからな」「必ず観ている」と繰り返し言ったという。

あの世から健さんは何を観、何を語っているのだろうか。
それが観えぬ聴こえぬことが哀しくもある。
今も尚《なお》、高倉健のファンや友は墓参りができずにいた。
親族の思いはいかばかりだったろうか。
あれほど周囲への気遣いを見せた健さんが、
なぜ、こういう結果を残してしまったのだろうか。

二〇一八年夏、私は健さんの養女、小田貴《たか》さんへ取材依頼の手紙を送った。十数年の間、健さんの食事や洗濯、掃除など身の回りの世話を全てして、その最期を看取った女性である。健さんは亡くなる一年半前に、自分の娘というカタチで入籍したと報道された。
二日後、着信音が響いた。小田貴さん本人だった。

「手紙を受け取りました。すぐ動かないと気が済まない性分なんです。だから高倉の手帳から谷さんの連絡先を調べて電話しました」

と彼女は詫《わ》びた。

その機敏な対応はまさに健さんの仕事スタイルと重なった。この女性が影のように付き添ってきた訳が、朧《おぼろ》げに解り始めた。

今の境遇を聞けば、あまりの突然の死で前を向ききれないと言う。

それ以上は叶《かな》わなかった。

鍵《かぎ》のかかった引き出しのように、彼女は黙った。


私は出版社勤務を経て、フリーライター初《しょ》っ端《ぱな》の仕事で健さんと出逢《であ》った。一九八四年から撮影現場を追い、ゆかりの人々を訪ね歩いた一期一会の機会は三十年余りに及んだ。

二〇一九年春で幕を閉じることになった平成。

昭和という時代を背負った俳優にとって、平成はどのような時代だったのか。

「高倉健」という人生の終《しま》い方を探し求めた一つの時代に、私は向き合ってみようと思った。

目次

作品年表

高倉健の人生を振り返る意味で、主な作品を年表にした（日本での公開年）。
先の戦争から十一年が経過し、経済企画庁（当時）が経済白書で、「もはや『戦後』ではない」と規定した一九五六（昭和三十一）年、高倉健は『電光空手打ち』でデビューした。

一九五六年　映画『電光空手打ち』二十四歳。
一九五八年　映画『森と湖のまつり』二十七歳。
一九六四年　映画『ジャコ萬《まん》と鉄』、『日本侠客伝《きようかくでん》』三十三歳。
一九六五年　映画『飢餓海峡《かいきよう》』、『網走番外地』、『昭和残侠伝《ざんきようでん》』三十四歳。
一九六九年　映画『新網走番外地』三十八歳。
一九七四年　映画『三代目襲名』、『無宿《やどなし》』四十三歳。
一九七五年　映画『新幹線大爆破』四十四歳。
一九七六年　映画『君よ憤怒《ふんど》の河を渉《わた》れ』四十四歳。

一九七七年　映画『八甲田山《はっこうださん》』、『幸福《しあわせ》の黄色いハンカチ』四十六歳。
一九七八年　映画『冬の華』四十七歳。
一九八〇年　映画『動乱』、『遙《はる》かなる山の呼び声』四十九歳。
一九八一年　映画『駅　ＳＴＡＴＩＯＮ』五十歳。
一九八二年　映画『海峡』五十一歳。
一九八三年　映画『南極物語』、『居酒屋兆治《ちょうじ》』五十二歳。
一九八五年　映画『夜叉《やしゃ》』五十四歳。
一九八八年　映画『海へ―Ｓｅｅ　ｙｏｕ―』五十七歳。
一九八九年　映画『ブラック・レイン』、『あ・うん』五十八歳。
一九九三年　映画『ミスター・ベースボール』六十一歳。
一九九四年　映画『四十七人の刺客』
　　　　　　ＣＭ『富士通』（～二〇〇〇年）六十三歳。
一九九六年　ＣＭ『フィリップ　モリス　ＬＡＲＫ　ＭＩＬＤＳ』（～一九九七年）六十五歳。
一九九七年　テレビドキュメンタリー『北海道キネマ図鑑　高倉健　冬の旅』
　　　　　ＣＭ『ポッカコーヒー』六十六歳。

一九九八年　紫綬《しじゅ》褒章受章　六十七歳。
一九九九年　映画『鉄道員《ぽっぽや》』
　　　　　　ラジオ『旅の途中で…』（第四回）六十八歳。
二〇〇〇年　ラジオ『旅の途中で…』（第五回）六十九歳。
二〇〇一年　映画『ホタル』七十歳。
二〇〇六年　映画『単騎、千里を走る。』七十四歳。
二〇一二年　映画『あなたへ』（出演作・二百五本目）八十一歳。
二〇一三年　文化勲章受章　八十二歳。

（年齢は作品一本目の公開時に合わせた）

第一章　どうせ死ぬなら娑婆で死ぬ

ドル箱シリーズ誕生

二〇一六年十一月、私は『オホーツク網走《あばしり》フィルムフェスティバル』（通称「網走映画祭」）に招かれた。

高倉健さんの三回忌であり、二日間に亘《わた》る映画対談で「高倉健さん取材秘話」を話す機会を戴《いただ》いた。網走へは仲間内で旅をしたが、それも三十数年も前のこと。一度、機会があれば、映画と縁の深い網走刑務所を訪ねたいと思っていたこともあり、その誘いをお受けした。

女満別《めまんべつ》空港からまず向かったのはオホーツク海に臨む潮見《しおみ》墓園。曇天の空から雪が舞い散る中を石井《いしい》輝男《てるお》監督の墓へと向かった。

二〇〇五年八月十二日に亡くなった監督の墓は翌年の一周忌を前にここに建立された。その墓碑には健さんの直筆、「安らかに　石井輝男」と刻まれている。

この時も、健さんの〝念には念を入れろ〟の精神が発揮されたようで、墓碑製造のタイムリミットぎりぎりに書が送られてきた。

石井監督は一九二四年、東京に生まれた。十八歳で映画の世界に入り、三十三歳で監督昇進。健さんをスターの座に押し上げた『網走番外地』シリーズ十八本のうち第一作（六五年）を皮切りに連続十本の作品を手がけている。

第一作目の原作は伊藤一《いとうはじめ》の同名小説となっているが、監督が敬愛するスタンリー・クレイマーの『手錠のまゝの脱獄』（一九五八年、米）をヒントに冬の網走で撮影している。

中でも強烈な印象を残したのは、労役へ向かう途中の囚人達の脱獄シーン。雪原を走るトラックから権田《ごんだ》（南原宏治《なんばらこうじ》）が飛び降りた。権田と手錠で繋《つな》がれている橘《たちばな》（高倉）までが転がり落ちた。

病んだ母親のためにも橘は更生を誓い仮釈放間近の身だった。幸せを掴《つか》もうとして幸せを掴み切れない男、橘真一《しんいち》は高倉健の当たり役になった。

私も出逢《であ》った最初の頃に健さんから監督の話を聴いた。

「はじめはカラーの予定だったけれど、美人が出ないような映画じゃ人も入らんから白黒でいい、と岡田《おかだ》社長（当時）に言われた。本当に金のない現場だった。ある晩無性に腹が立って、監督の部屋に直談判《じかだんぱん》に行ったら、監督は布団を被《かぶ》って寝ていらしてね。割れた窓から雪が吹き込んでいて、布団から出ている監督の頭に白く積もっていた。それを見た瞬間、何も言えなくなった。もし、あの時、監督の部屋のあの光景を見ていなければ、今はないと思う」

その日から現場での健さんの頑張りは半端じゃなかったと聞く。

出来上がった映画の惹句《じゃっく》が『どうせ死ぬなら娑婆《しゃば》で死ぬ』。男気があって喧嘩《けんか》っ早くて、やんちゃな役どころは健さんの地に近いようにも思える。

東映ニューフェイスとしてのスタートは明るく爽《さわ》やかなサラリーマンだったり、美空《みそら》ひばりさんの恋人役だったりした。

長い廻《まわ》り道を辿《たど》った後、三十四歳で大スター・高倉健へと変貌《へんぼう》するきっかけが、石井監督の『網走番外地』だったわけだ。

この映画祭は網走の街とこの地で撮影された映画を愛する一人の市役所マン・平野《ひらの》雅久《まさひさ》さん（実行委員会代表）が中心になって行っている。石井監督への追悼の念を忘れず映画祭では必ず、『網走番外地』シリーズを上映する。

平野さんに、

「春か夏に開催すればもっと盛大に人が集まるでしょうに」

と話せば、

「会場となる施設が寒い季節でないと借りられないんです」

と正直に答えてくれた。

網走には冬が二度あって、一度目が十一月に始まり、二度目の冬は年を越した一月に始まるというのだった。

つまり、冬枯れのシーズンにしか会場を押さえられず、映画祭は二〇一六年で九回を数えていた。

平野さんの思いを支える地元の人達がボランティアで参加している。だれもが嬉々《きき》とした表情でオープニングを迎えた。

だが、時間が過ぎゆく中で、あまりの人手不足に予定が未定になっていく。平野さんはそうした問題の矢面にいつも立たされていた。彼はデカい身体を小さくして汗だくで会場を走り回っていた。

「網走映画祭」のような、あと何年持ちこたえるかと危惧《きぐ》される小さな映画祭。平野さんは事務局の電話を家庭にも繋げている。

質問があって夜間、連絡を取ったところ、幼い子が出て、「はい。お父さんに替わります」とキチンと応対してくれた。

ひた向きという形容が似合う映画祭だからこそ、追悼上映の席を立っても緩やかに感動が尾を引く。

東京へ戻ってから半年後、石井輝男監督の十三回忌追悼特集『甦《よみがえ》る映画魂 The Legend

Of 石井輝男』（東京・シネマヴェーラ渋谷《しぶや》）の案内状が届いた。二十八日間に亘り六十四本の作品上映。

その間に、『網走番外地』がなぜあれほど熱く面白い映画になったのか、シリーズ中八本に出演した谷隼人《たにはやと》さんが語った。

この日の聞き手は、映画ライターの下村健《しもむらたけし》さん。

谷隼人　健さんとの初めての仕事は『網走番外地　荒野の対決』（一九六六年、網走番外地シリーズ五作目）でした。石井監督からは「小芝居はいらないよ。健さんにかみついて行くような芝居をしてほしい」と言われました。監督は、役者の泳がせ方が実にうまい方で、性格も陰湿ではない。だから、こちらも言われたことを素直に聞き、懸命にやり遂げることができました。

Q　撮影は冬の北海道だった？

谷——東京から三等車に乗り、青函《せいかん》連絡船で津軽《つがる》海峡を渡りました。小林稔侍《こばやしねんじ》さんが一緒でした。僕らはすぐに健さんに挨拶《あいさつ》に伺ったことを今でもしっかり憶《おぼ》えています。「今回、入りました、谷隼人です」と挨拶すると、「頑張れよ」という一言が返ってきました。日が経つと、「飯を食いに来いよ」と言われ、健さんの部屋で食事をしていると、襖《ふすま》がさーっと開いて入って来られたのが、嵐寛寿郎《あらしかんじゅうろう》さんでした。僕は幼い頃、九州の上映会で、『鞍馬天狗《くらまてんぐ》』を観ていましたからね。その人が健さんに、「嵐寛寿郎です。宜《よろ》しくお願いします」と深々と頭を下げていらっしゃる。今、とんでもない所に来ちゃっているなあと思いました（笑）。

Q　こうした諸先輩方の立ち振る舞いを直に見たことは幸せですね。

谷——健さんが、「先輩！」と言って慕う人がいました。山本麟一《やまもとりんいち》さんです。大学も明治大学で一年先輩。大学の相撲部や空手部からも怖がられているような人が東映に入られた（一九五三年入社）。

健さんが、「先輩は、なんで電話を掛けないんですか」と訊《き》くと、麟一さんが、「健ちゃん、ダイヤルに指が入らないんだよ」。二人で大笑いしていました。

Q　山本麟一さんは全て本気で掛かってきたという話ですが。

谷――首を絞めあげるシーンも本気でやる。空手だってなんだって手加減しない。彼はターザンですからね。

Q　撮影時は男ばかりの世界だったようですね。

谷――携帯電話がない時代。でも若い奴らは夜二時、三時まで遊んでいましたね。僕らが女の子と約束していると、健さんはそれを察して、「今晩は三時までゆっくりお茶でも飲むか」。そわそわしている僕らを見ながら、そう言うんです。

嵐寛《あらかん》さんに僕らが出かけるのを見つかってしまって、あの声で、「谷君、どこへ行くのですか」。「はい。ルートコ（風俗店のこと）へ」。「いい娘《こ》がいたら教えてくれたまえ」

嵐寛さんは付き合った女性と別れる時は全ての財産を渡すと聞いていました。そういう男気に憧《あこが》れましたね。僕は渡すお金が未《いま》だにないから、奥さんと一緒にいるのかもしれませんね（笑）。

こういう話をすると、健さんに怒られますね。今の女房（松岡《まつおか》きっこさん）と結婚する時に、「谷が浮気したら、連れて来てください。僕がいつでもしばきますから」。そう言っていましたから。

Q　北海道ロケは男ばかり。思わぬ男気の縺《もつ》れあいを見たそうですね。
谷――『網走番外地　吹雪の斗争《とうそう》』（一九六七年、シリーズ十作目）は、安藤《あんどう》さんが撮影待ちをしていたんですが、現場から姿を消しちゃったんですよ。
Q　『吹雪の斗争』は石井監督が撮る『網走番外地』シリーズ最後の作品でしたね。
谷――安藤昇《のぼる》さんは慶應、早稲田などの大学生も多くいた愚連隊組織・安藤組組長をしていて、その後俳優に転身し才を輝かせた人です。その日は、健さんと安藤さんが馬を駆って大平原の彼方《かなた》へ消えていくラストシーンの撮影。安藤さんは自分の出番が来るのをロケバスの中で待機していました。

開始は朝七時のはずでしたが、天気が良すぎてなかなか撮影が始まらない。やがて吹雪《ふぶ》き出したのに監督の思いには至らなかったみたいで撮影はまだまだだと。

俳優が待機するバスの中の寒さは尋常じゃなかった。

ある共演者が冗談のつもりだったと思いますが、「この扱いはひどいわ」と言いました。すると、安藤さんはすっと立ち上がり、バスから降りて行きました。しばらく待っても、帰ってきません。撮影が未《ま》だ残っているのに、とうとう姿を現さなかった。

健さんはその話を聞いても、恨みがましいことを一言も言いませんでしたね。むしろ残念がっていたように見えました。最後のシーンで、安藤さんと五分のいい芝居をしたいと思っておられたんでしょうね。男の世界の人情を目の当たりにした感じでした。


白く吹雪いて凍った雪面もその下の土は温かい。

口が悪く荒っぽい先輩達も根は温かかった。

だが、一九七一年『新網走番外地　吹雪の大脱走』（シリーズ十七作目）を最後に谷隼人さんの名前が健さん映画から消えた。

この頃の谷さんは、映画『不良番長』（一九六八年〜）がシリーズ化され、テレビドラマ『キイハンター』（一九六八年〜七三年）では主演の一人として出演するなどかなりの仕事量を抱えていた。

そんな谷さんに、『冬の華』（一九七八年、降旗康男《ふるはたやすお》監督）の出演依頼があった。久しぶりの健さん映画の申し入れ。どんな役でも出演したいという気持ちでいた。

Q　結果、出演しなかったですね。なぜ、ですか。

谷――最初は出番も台詞も少ない役どころ。ある日、突然、出番がめちゃくちゃ多い役に替わるという話を戴いた。その時は理由も聞かされない。他との仕事の調整もあるので、アシスタントプロデューサーに、「だったら、ギャラは十倍もらわなければ出ないよ」と軽い口を叩《たた》いた。

それが俊藤浩滋《しゅんどうこうじ》さん（女優・富司純子《ふじすみこ》さんの父親で、東映の看板プロデューサー）の耳に入ってしまって。「なんや。谷はずいぶん偉くなったな。干したれや」。それから間もなく、『冬の華』がクランクインしました。

現場に来た健さんは事情も聞かされていなかったようで、「あれ、谷はいないの？」と、近しい人に尋ねたそうです。

池上季実子《いけがみきみこ》さんの恋人役でした。健さんが、「谷とは久しぶりだな。俺の傍《そば》に置いてくれよな」と言い、絡みの多いその役が回ってきたわけですが、そうした事情は一切聞かされなかった。

Q　その後十九年間、交流は途絶えてしまったという。

谷――自分にとって、健さんは生涯の兄貴です。色々なことを教えてくれました。亡くなってからも夢に出てきます。

今日、上映した『悪への挑戦』（一九六七年、シリーズ九作目）では北九州の若松《わかまつ》の廃墟《はいきょ》みたいな場所で、義兄弟の契りを交わす。見つめ合うシーン。健さんは三白眼。あの眼でじーっと来られると、台詞をとちったらどうしよう、みたいな。凄《すご》い緊張感に襲われる。四分六分の義兄弟の契りなんかしてもらったのは映画の中でも俺ぐらいでしょうね。

Q　あの頃は、プライベートでハワイにも同行したそうですね。

谷――珈琲《コーヒー》のデミタスカップやエルメスのジャンパー、ロレックスの腕時計、グッチのブレスレット等色々なものを戴いた。けれど、旅の仕事が多かった自分はいつの間にかどこかへやってしまって。すみません（笑）。

でも、健さんから戴いた心意気は忘れていません。

人への目配り、気配り、心配り。谷隼人がこの歳まで何とか皆さんの前に立てるのは、健さんからの教えがあったからだと思います。

Q　最後に、歌ってくださるそうですね。
谷――今日は健さんから教えてもらった『網走番外地』、一番だけ歌います。

春に春に追われし　花も散る
酒《きす》ひけ　酒《きす》ひけ　酒《きす》暮れて
どうせ　俺らの行く先は
その名も　網走番外地

大拍手で幕が下りた。

いにしえにスクリーンの健さんに心揺さぶられ、映画を観終わって外に出ても暫《しばら》くは肩に風を切って歩いたものだ。それは〝昭和の新宿《しんじゆく》〟であったが、昨日のような錯覚をおぼえる。

映画『夜叉』のロケ先で初インタビュー。身長一八〇センチ、トレーニングを欠かさず、生ものは避け、火を通したものを口にする食生活を貫いていた。

左・著者。撮影・渋谷典子

百年早かった男

高倉健が出演した二百五本の映画のうち、北海道が舞台となったのは三十四本。一九九七年、厳寒の大地でテレビドキュメンタリー『北海道キネマ図鑑　高倉健　冬の旅』（制作・テレビ北海道）の収録が始まった。

高倉組一行が北海道入りした日は、札幌《さっぽろ》の街は雪まつりで賑《にぎ》わっていた。番組には『網走番外地』をはじめかつての映画シーンが登場するようで、スタッフらは事前に現場に赴き、健さん縁《ゆかり》の人々のロケを先行していた。

高倉組が札幌に到着するや宿泊ホテルでの打ち合わせが始まった。健さんは喉《のど》の調子を考えてか、大きなマスクを外すことはなかった。まずはテレビ局側の紹介があり、続いて制作側、メインキャストの紹介へと続いた。

この時の話をテレビ北海道の元プロデューサー城下孝《しろしたたかし》さんからお聞きしたのは健さんが亡くなった翌年のこと。番組制作から十八年の歳月が経っていた。

「今も当時のことは鮮明に憶えています。いよいよ、高倉さん絡みの撮影が開始されました。白波が高く荒れる塩谷《しおや》海岸を独り歩くシーン。魚を狙う海鳥たちの鳴き声が響き渡っていました。降旗（康男）監督が数カットを撮り終え、ＯＫが出ました。冷たい風に慣れっこのスタッフも足早にロケバスに引き返していきました。

ところが、高倉さんだけは独りで浜辺から離れずにいらっしゃった。おそらく、雲が厚い状況を気にかけておられ、雲間から陽が射すのを待っているかのようでしたね」

健さんは、これ以上待っても今日の天候は変わらないだろう、と判断したのかもしれない。ついに車に戻ってきた。

「車に乗る直前、たった一言、『仕事してぇなぁ』、そう言われたんです。よほど思いを残したのでしょう。僕は、時間に縛られるテレビという世界が恥ずかしくなりました」

海岸から戻り休憩を挟んで、その日の夜、健さんが長年お付き合いのある札幌の寿司屋《すし》でトークのロケが行われた。メンバーは、健さんの他、進行に檀《だん》ふみさん、ゲストに降旗監督、そして倍賞千恵子《ばいしょうちえこ》さん。そこに約束もしていない小林稔侍さんが突然、「こんばんは」と顔を出した。

「あれは本当にサプライズでした。高倉さんがテレビの番組収録をやられると知ってか、小林稔侍さんは札幌でデパート催事の仕事を作ったという話でした。

高倉さんを『旦那《だんな》！』と呼んで、心から心酔しているのがよくわかりました。

高倉さんが『稔侍、お前も出るか』と言うや『はい』と相好を崩されていました」

豪華な五人がテーブルに着いたわけで、出演料も嵩《かさ》んだのではないだろうか。

「小林稔侍さん、出演料はなしでした」

トークが繰り広げられる寿司屋の外で待機する私達には中の様子は摑めずにいた。

「小林さんが〈高倉健美学〉について喋《しゃべ》り出すや、

高倉さんはわざと無視して、キャメラマンに、

『すいません、スイッチ切っちゃってください』と（笑）。

やんちゃでいたずら好きな面が出始めましたね。

『俳優なんてほんとに大変ですよ。だって、（料理を指して）こういうのが出ても食えないんですから』

箸《はし》を付けていた倍賞さんは思わず、『あっ、私、食べちゃった』

高倉さんは、『倍賞さんは良いんです（笑）』」

北海道東部の中標津町《なかしべつ》を舞台に二人が共演した『遙《はる》かなる山の呼び声』（一九八〇年）。健さんが名作の裏側を打ち明ける。

「山田《やまだ》（洋次《ようじ》）監督が凄いなと思うのは、いつも反省している。撮り終わってからも、まだずぅっと反省しているの。

もう二週間くらい経ってね、『この前の決闘のシーンをもう一回撮り直したい』。『えっ？』って。もうラッシュも観てずいぶん時間が経っているのに、『なんかありましたか？』って訊くと、『少年（吉岡秀隆《よしおかひでたか》さん）が見ている高さよりもキャメラ位置が高かったので、少年の目線からもう一回撮らせてくれませんか』って。そんなことを平気で言う人ですよ。『もうとっくに終わったじゃぁねぇか』って（笑）。でも、ちょっと感動はしますよね。とても敵《かな》わないと思いますよ」

稔侍さんは映画のロケとは違って相好を崩しっぱなし。トークの合間に流れる本編の映像を懐かしそうに見入っていた。

収録が終わり束《つか》の間の時間があった。現場の緊張から解かれ、近くに居た顔馴染《かおなじ》みのスタッフを相手に稔侍さんの弾む声。それは私の耳をくすぐった。

「健さんは北海道も好きだけど、沖縄やハワイも好きでしたね。ハワイには別荘を持たれるわ、沖縄では土地の購入を勧められるわ。

沖縄のほうは、『おい、稔侍。今度、沖縄に土地を買うからな。お前には半分、やろうと思っているよ』。そう仰《おつしや》っていましたが、未だに戴いていません。登記簿の手続きを早く済ませたいと思っているのですが、あれから何年経ったでしょうかね」

本音とも取れる会話を収録したかったと思うのは私だけだろうか。

このロケ中、プロデューサーの城下さんは健さんに近づかず。いや、東京の制作会社のスタッフが壁になり近づくことができなかったようだ。

「僕は名ばかりかもしれませんけれど、北海道側のプロデューサーです。裏では新聞記者達から『収録を見られないのはなぜですか』、『インタビューできないのはどうしてですか』と迫られ、『機会があれば、僕が高倉さんにお訊きし、それを皆さんにお伝えしますから』と汗を流していました。

意を決し、代理店の担当者に『高倉さんに時間を戴いて、お礼を述べるとともに、この番組に出演を承諾された理由をお訊きしたい』と提案しました。返ってきた答えは『そんな事を訊くのは百年早いです』と」

「ロケの三日間、僕は一日に一キロずつ、三日できっちり三キロ体重が落ちました。密《ひそ》かに自分で〈高倉健ダイエット〉と呼んでいました（笑）。

先の代理店担当者は『高倉さんが新千歳《しんちとせ》空港へ向かわれる時に、ホテルのロビーで呼び止めずに短いお礼を言うくらいにしたらどうですか』と言った。個人的なお話は諦《あきら》め、そうすることにしました。

だから、今もってこのトーク番組に出演するお気持ちになった真の理由はわかりません」

そして、こう質問された。

「なぜ、高倉さんと親しく話をしたらいけないんでしょうか。僕は、代理店の人に言われたように、高倉さんが東京へ帰られる朝、フロントでお待ちしていました。エレベーターから降りてきた高倉さんは『タイガー・ウッズ！』と突然大きな声で仰いました。きっとスポーツ新聞かテレビをご覧になって感じることがあったのだと思いました。僕は失礼のない距離から、『テレビ北海道の城下です。今回はありがとうございました。感動しました』と挨拶をしました。歩みを止めずに高倉さんは僕に『頑張ってください』と一言仰いました。会話とも言えない会話でした。これが直接、お話しした全てです」

そして、番組の完成テープを受け取るために上京した。そこでも、思いもかけない言葉が待っていた。

「編集作業中はスタジオに来ないでください。いつ高倉さんが来るかもわかりませんし、高倉さんから『こいつ、誰？』と言われそうな人はスタジオに入れたくありません。完成を待っていてください。連絡だけはつくようにしておいてください」

だが、城下さんは出来上がった作品を観て、これまでのややこしい話が全て消し飛んだと語る。

「独特の間を置く高倉さんが話される世界に、檀ふみさんの進行と永島暎子《ながしまえいこ》さんのナレーションが番組のトーンをしっかり作り出していました。仲の良かった先輩俳優の山本麟一さんとの永遠の別れ、歴代の監督、由利徹《ゆりとおる》さん他共演者への思い出が紹介されていました。そこに、心を通わせる方々とのお喋りもあり、『映画俳優・高倉健』の姿がしっかり浮き彫りにされた作品に仕上がっていました」

が、その舞台裏では、先のような健さんへの忖度《そんたく》が展開していたのだった。

城下さんの本音談義はクライマックスにさしかかる。

「高倉さんから手紙が届きました。
『キネマ図鑑について色々なところから良い評判を聞いており、嬉《うれ》しく思います。またどこかでご一緒できる日があることを願っています。
あなたに戴いたお気持ちの足しにもなりませんが、
こういうものをお送りします。ご笑納下さい。高倉健』」

大きく引き伸ばしたプライベート写真に、目立たない色で、城下さんの名前と健さん自身のサインが書かれていた。

それを見た瞬間、今まで溜《た》まっていた感情が溢《あふ》れるまま頬を伝った。

＊

番組から春秋二十年余り。

数年前の再会から城下さんは自前のニシン漬けを毎年、送ってくださっている。

北海道で年末年始に食卓によく出てくる漬物だそうで、キャベツと大根と身欠きニシンを麴《こうじ》で漬け込んだ絶品。

今年も、「今回はちょうど良い塩加減になりました」と食べ頃のニシン漬けを頂戴した。

お礼の連絡をしたところ、健さんの話題に再び花が咲いた。

「ふと思い出すことがあるんです。『北海道キネマ図鑑』で取材した俳優・山本麟一さんの奥様の言葉です」

悪役として活躍した山本さんは、大学の後輩である健さんからの信頼も厚く、『網走番外地』『日本侠客伝』シリーズなどで共演。

最高の敵は最大の友でもあったが、一九八〇年十月十六日、五十三歳で逝去された。

妻の為世子《いせこ》さんがその闘病生活を語っていた。

「主人が入院してから高倉さんからお手紙をたくさん戴いたんです。

一度、高倉さんから、『会いたいんだったら、僕行きますから』と書かれたものが送られてきました。

でも、主人も私も何も……。

会えば、それが最後になると思っていましたから。

主人には生きていて欲しかったですから」

山本さんが亡くなる日の朝、手紙が届いた。

「高倉さんからです。今、読んであげますね」

為世子さんは、昏睡《こんすい》状態の夫の耳もとでゆっくりと読み上げた。

山本さんはそれまで力なく広げていた掌を握りしめたという。

敵役としてもう一度、健さんと渡り合う。それまでは死ねない……。

山本さんの決心は目指すところに及ばなかった。

健さんから貰《もら》ったダウンジャケットで何処へでも行く。スタジオで、「健ちゃん、最高だぜ」と言っているような顔で、玉の汗をかいていることもあった。

おっきくて不器用な先輩だった。


城下さんは振り返る。

「番組の収録先『すし善』でこの奥様のインタビューが流れた時、高倉さんの身体が悲しそうに段々斜めになり、哀しみに耐えているようで、その姿はまるでスクリーンの中の高倉さんでした。

VTRが終わって、キャメラが高倉さんのワンショットを撮った時に、数回身体をブルブルッと震わせたのは忘れません」

健さんの心を揺さぶったものは何だろうか。
城下さんの電話はいつも、「もう一年、考えさせてください」と言って切れる。

夜桜ぎんじ

健さんとの海外旅行の始まりは香港《ホンコン》だった。健さん五十四歳。私三十二歳。一九八〇年代半ばの頃である。

映画『夜叉』（一九八五年、降旗康男監督）がクランクアップし、その帰り道、私は健さんから尋ねられた。

「旅は好きですか」

突然の質問に、少し慌てた私は旅の思い出話を思いつくままに語った。

「海外は二十代の後半、メキシコへ行きました。メキシコシティの排気ガス、酷《ひど》かったですね。旅先には知り合いの家族がいらして、アカプルコへ招待されました。アカプルコといえば美しいリゾート地を想像しました。ところが、土埃《つちぼこり》の道。料金所にはカット・フルーツを売る少年がいて、無数の蠅を追い払いながら、車の中の私にフルーツを差し出す。結局、何も買わずに、ホテルに入りました。部屋の窓一面、海が開けているはずだったんですが、滅多にやってこない台風が、それも二つ続けてきていて、沖合は暴風雨で荒れ狂い見たこともない厚い雲に包まれてしまっていて、下を見下ろせば、褐色の水が勢いよく流れて……。すでに道は冠水してしまっていて、メキシコシティへ帰れるのか心配になりました」

一気に喋り尽くした私の話に健さんは、「よい旅をしましたね。どんなに高いお金を払っても、現地の優秀なコーディネーターに計画してもらっても、そんな旅はできないですからね」

「そういうものでしょうか」、私の返事を待つかのように、「香港も行ってみるといいですね。貴女《あなた》なら、きっと旅先で何かを体験できる」

語学が堪能《たんのう》でないと言う私に、「香港は日本語でも大丈夫。気が向いたら、連絡ください」

それからしばらくして、私は女友達と香港の空港にいた。

手には三泊四日にしては重いスーツケース。

香港の安宿をスタートして、マカオに渡り健さんから勧められたホテルに宿泊する。カジノのようなきらびやかな場所へは近づかず、離島へ渡って陶器を物色し、時間があればテニスでもしようと、欲張りなプランを立ててきたのだった。

口の堅い友達を旅の道連れに誘った。

口の堅さをなぜ優先したかというと、旅の予定が決まり、健さんの事務所に連絡したところ、思いもかけない返事を受け取ったからである。

「ちょうどその頃、高倉も香港へ行くようです。時間が合えば、食事でもいかがですか、と申しています」

私は驚いたものの友達に事情を話し、旅のメンバーに加わってもらうことにした。

もう三十年以上も前のことで、香港での詳細は覚えてはいない。

健さんがいつから香港に居《お》られるのか知る由もなかったが、旅の初日の夕飯に誘われていた。待ち合わせは、ペニンシュラホテルのラウンジだった。時間ちょうどに姿を現した健さんから車に乗るようにエスコートされた。

「香港へ来ると、いつも行く中華料理店があって、そこにしましたが、よかったでしょうか」

私達の頷《うなず》きを合図にして、待たせておいた車で、レストランへ直行した。さも高級なレストランというよりは真っ白な糊《のり》の利いたテーブルクロスが印象的な店であった。

メニューを繰る健さんの腕はこんがり日焼けしていた。料理の決め方はいつもスピーディで、この日も、前菜からメイン、デザート、そして私達のために食事に合うお酒まで選んでくださった。一方、健さんは学生時代に酒を呑《の》んでの失態から禁酒。飲むのは温かな烏龍茶《ウーロンちゃ》だった。

この辺りの客の舌によって磨きぬかれた味は格別だった。食べられないほどのたくさんの料理をほぼ平らげた私達に、「この後、何か予定がありますか。案内したいところがあるんです」

香港の夜といえば、香港島のビクトリアピークを想像した。だが、車は九龍半島《カオルーン》を出る様子もなかった。電飾輝く通りから離れてゆく。降りた場所は、「飛鵝山《フェイオンサン》」。

眼の前に九龍半島から香港島までの大パノラマの夜景が広がった。見たこともない数の宝石が深い光沢を放っている。

心地よい風が頰を撫《な》でてゆく。

健さんの横顔が暗闇に沈んでいる。私は尋ねた。

「香港へはよく来られるのですか」

「以前、映画の撮影で来ました。それからよく来ていますね」


香港を舞台にした映画は、健さん映画デビューから八年後の一九六四年に二本公開されている。『東京ギャング対香港ギャング』『ならず者』(石井輝男監督)である。香港とマカオの裏通りにキャメラを持ち込み、低予算で早撮りという制作条件を逆手に取った、ゲリラ的な作風に観客は圧倒された。

この二作品を撮影したキャメラマンの林七郎《はやししちろう》さんに話を聞く機会を設けた。

映画『地獄の掟《おきて》に明日はない』(一九六六年)で高倉健主演作品の初メガホンを取った降旗康男監督へ声をかけ、「健さん同窓会」を実現させた時のことである。録音の広上益弘《ひろがみますひろ》さんも参加された。

広上さん一家とは縁があり、それまでに幾度か、健さんの思い出話を伺った。一本気な職人気質《かたぎ》で、誰に対しても「今の台詞、聞き取れない。もう一度」とお願いしたそうだ。無論、健さんに対しても。映画『動乱』（一九八〇年、森谷司郎《もりたにしろう》監督）での吉永小百合《よしながさゆり》さんとの絡みのシーン。

現場は朝から緊張した空気に包まれていたが、広上さんの職人耳は何事も聞き逃さなかった。健さんの台詞がくぐもってしまったことも——。通常の録音さんなら、後で調整しようと考え、その場をやり過ごすこともできただろうが、広上さんは間髪を容《い》れず、

「今のところ、もう一度お願いします」

辺りが静まり返ったようだ。だが、健さんは表情を変えずに、広上さんの指示に従ったという。

「健さん同窓会」の会場は新宿東口から歌舞伎町《かぶきちよう》方面へ行った郷土料理の店だった。日本酒が好きな降旗監督のために広上さんと相談して決めたのだった。初対面となる林さんは身体全体から人の好《よ》いオーラを放ち、約束の時刻より早めに暖簾《のれん》を潜《くぐ》られた。顔立ちも優しく、監督が来られると深々と頭を下げられた。

酒もビールから温かな日本酒に変わった頃、林さんは石井監督との香港ロケを懐かしそ

うに語り始めた。

「石井輝男監督は、表の景色じゃつまらないと言い出して、どんどん路地へ入っていっちゃって。許可も取っていないのに、ここやらあそこやら、どんどん行ってしまう。キャメラや望遠レンズはデカい。東映海外ロケの走りの頃、予算もないからスタッフも少ない。見兼ねた健さんが機材を担いでくれましたね。『東京ギャング』の撮影は一週間くらいだったかな。『ならず者』はその倍のロケ日数になったけれど。夜はいつも健さんと一緒に食事に行きました。中華料理が好きで、毎晩、飽きずに食べていましたね」

林七郎さんは健さんから信頼されたキャメラマンだった。あの名作『昭和残侠伝　死んで貰《もら》います』（一九七〇年、マキノ雅弘《まさひろ》監督）のキャメラマンとして名を連ねている。

お銚子が数本空いても第一印象は一向に崩れなかった。少しも偉ぶったところのない人で、「まさか、こうして監督にお会いできるとは思っていませんでしたよ」と、嬉し涙を流された。


いつしか健さんのこれからの映画の話へ移って行った。

降旗監督の話に全員の耳が傾く。

「僕はこれから撮ってみたいと思う映画があるとしたら、それに近い映画のDVDを健さんに渡すんですよ。一度、ロベール・アンリコ監督の『追想』（一九七五年、仏、主演フィリップ・ノワレ、ロミー・シュナイダー）を渡したんだけれど、あの時は愛する家族を殺された復讐《ふくしゅう》に燃える男の想いを伝えたくってね。

でも、なかなか成就しないのが、健さんなんでしょうね。ほっ、ほっ、ほ……（笑）」

東大のフランス文学科を卒業した氏は故郷の長野県松本《まつもと》市の映画館で観た人間の奥底を描いたフランス映画に心惹《ひ》かれていった。

ほろ酔い酒に頰を赤くしたカツドウ屋達の盃が進んでゆく。

「普通の家庭に暮らす男の役を健さんにどうかなあ、と思っている。風呂《ふろ》場から『お～い。シャンプーがないよ。母さん、買っておいてくれって頼んだよねえ～』みたいなね。いつか白髪交じりの健さんを撮りたいなあと思っている」

だが、当時の健さんには忍び寄る老いは他人事《ひとごと》だった。

自分なりの行く末を、初めて健さんに尋ねた時のことである。

「降旗監督の映画『冬の華』（一九七八年）を撮る前に、僕は一本のシナリオと出逢っている。

『夜桜ぎんじ』という脚本《ほん》で、やくざの男の話だった。やくざといっても、組の指図で命を捨てる鉄砲玉である。

ある日、『九州の組の人間を殺《や》れ』と命じられる。ぎんじは訪れた土地で、昔の恋人と再会する。その女性《ひと》は堅気の男性の妻となっていたが、わずかな時間をぎんじと過ごす。

その翌朝、朝飯の支度をしている傍らで夫は新聞を読む。彼女がふっと新聞を見ると、『夜桜ぎんじ　死す』の文字が眼に映る。

そこで、この映画は終わる。

強く感じるものがありましたね。パッと散りゆく男の死に様に」

懸命に咲ききった桜は夜明けとともに降るかのごとく花を散り敷く。

人気を決定づけた任侠映画の死生観に根ざす最期を、本気で己の行く末と重ねていたのだろうか。

ノルマンディでの道草

　パソコンやインターネットが一般家庭に普及し始めた一九九七年十月。富士通パソコンのCM撮影でパリに到着した健さんは、その日のうちに、北フランスはドーヴィルへと移動した。相手役の倍賞千恵子さんは二日後、パリ入りする予定だった。倍賞さんがドーヴィルに到着してからの撮影とあって、それまでの丸二日間は、自由時間。

　だが、どんなに心惹かれる誘いがあっても、仕事が終わるまではホテルから遠く離れることはない高倉組だった。

「僕を必要とするからスポンサーは大金を払ってくれる。仕事をやり遂げるまでは、腹を壊しても、風邪を引いてもいけないんだよ」

高倉組の面々は健さんの口癖を暗唱できるようになっていた。

食べるものも火の通ったものを口にし、朝晩の寒暖の差にも十分に配慮する。自由時間の外出先も、宿泊先の「ノルマンディ・ホテル」から近い一七世紀に造られたという港町オンフルール止まり。港町にある酒屋さんで勧められた、カルバドスを醸造する林檎《りんご》園を訪ねる程度に留《とど》まっていた。

陽射し溢れるホテルのテラスは高倉組のたまり場になっていた。そこで、珈琲を飲みながら映画の話が花開く。

一杯目の珈琲がなくなる頃、健さんは自分のカバンを引き寄せ膝《ひざ》に載せた。

「日本で現像する時間がなくって、ここまで持ってきてしまった。これ、プリントできるかなあ」

CMの撮影現場ではそれぞれのスタッフが大事な仕事を抱えているため、仕事らしい仕事をしていない私にフィルムを手渡した。

私は、通訳さんと一緒に街の写真店に向かった。プリントまで凡《およ》そ一時間弱の時間がかかる。その間、街をぶらぶらすることにした。

この地が舞台となった映画『男と女』（一九六六年、仏、クロード・ルルーシュ監督）を日本で幾度も観てきていた。主演女優アヌーク・エーメのクールな美しさに惹かれたが、彼女はこの街が好きで度々訪れたそうだ。

高級ブランド店が建ち並んでいる。どの店も気後れして、ウィンドウショッピングで時間を潰《つぶ》した。そうこうするうちに、写真店へむかう時刻がやってきた。

店主は、「あなたの写真ですね」と中身を出して私に確かめさせた。

最初の写真に、ショートヘアの若い女性が写っている。それも普段着姿。室内。

私はホテルのテラスで健さんに写真店の袋を何食わぬ顔で渡した。

健さんがすぐに中身を確認した。いつもだとすべてを出してみんなに公開してくれるのだが、この日は違った。私が見た、若い女性の写真を見るや、さっさとバッグに入れてしまったのだ。

この手の話はこれまでにも幾度かあった。中でも愉快だったのは健さんから毎年戴く季節の挨拶。蠟《ろう》引きの紙に一つずつ包まれた完熟した蜜柑《みかん》や林檎。ところがある年に送られてきたものが、銀製の筒に入ったハーブを練り込んだキャンドルだった。

いつか尋ねたかったが、ノルマンディのホテルでその機会が訪れた。

「健さん。ハーブのキャンドル、素敵でした。もしや、お付き合いする女性《ひと》、お変わりになりましたか」

その時は何食わぬ様子だったが、その翌日のこと。

撮影が終わり自室に戻ると、真紅の薔薇《ばら》のアレンジメントと封筒が置かれていた。

封を切ると、健さん愛用の太い万年筆で書かれた二文字。

「阿呆《あほ》！」

こんな突拍子もない温かさを多くのカツドウ屋や俳優仲間が愛《いと》しく思い、「何があっても健さんについていこう」と言わしめた理由なのかもしれない。

＊

女優の大原麗子《おおはられいこ》さんもその一人である。

健さんとの出逢いは、『網走番外地　北海篇』（一九六五年、シリーズ四作目）で、大原さん十九歳の頃。以後、『網走番外地』だけでも五本。

後に女優人生を振り返ったインタビューでは、

「最も思い入れを持った役が、健さんと十五年ぶりに共演した『居酒屋兆治』（一九八三年、降旗康男監督）の薄幸の女性〝さよ〟でした」と語っている。

大原さんは〝さよ〟にのめり込み、この役に没頭していった。

一人の男を想い続け、全てに背を向け孤独に堕《お》ちていくそんな女――。


いつか取材したい人だった。

経緯《いきさつ》は憶えてはいないが、渋谷の松濤《しょうとう》近くのカフェで大原さんをお待ちした。

「健さんの話を是非、伺いたい」

遠慮がちに口火を切るや、大原さんの表情がパッと輝いた。

「私、健さんが大好きなんです。あれほど一生懸命に仕事をする人、今までにお会いしたことがありません。

私が舞台の仕事をするようになった頃、楽屋に掛ける長い暖簾が届いたのね。〝高倉健〟の名入りで凄く嬉しかった。共演者から『私も貰いたい』と言われたんだけど、『絶対、ダメよ。私だけの暖簾なの！』、そう言ってやったわ。だから、長暖簾は自慢の品なの」

「健さんと仕事をしてから、私、仕事に〝お〟の字を付けなくなったわ。〝お仕事〟じゃなくって、〝仕事〟。命を賭《か》けてやるものに〝お〟を付けると、なんだか甘っちょろいじゃない。これは、健さんの生き方から麗子が学んだことなの」

話が面白くなったが、マネージャーの水入りでその場はお開きになってしまった。大原さん四十代、一九九〇年代の話である。

＊

今回のノルマンディの撮影旅行、高倉組スタッフは女性が多い。それを引き締めるのは写真家・十文字美信《じゅうもんじびしん》さんが放つオーラだった。映画『男と女』のロケ現場として知られた海岸での撮影。ブランケットに包まれる倍賞さんと焚火《たきび》にあたるシーン。落ち着いた大人の時間が流れてゆく――。

ドーヴィルでの撮影は予定通りに終わった。

翌日にはカメラマンらはパリへ戻り、ロケハン（撮影地の下見）の日程が組まれていた。

一方、高倉組には時間があった。


「高倉さん、近くにいいホテルがあるそうです。お茶を飲みに行きませんか」

プロデューサーの声掛けで、高倉組の道草が決まった。

連れて行かれた先は、クロード・ルルーシュ監督が所有するホテルだった。地下にシネマ室があり、監督の作品だけが上映されているという贅沢《ぜいたく》な話が付いていた。中庭に向いた各部屋の扉には俳優の名前が刻まれている。

「今、売りに出ています。高倉さん、いかがですか」

「いいですね。幾らぐらいでしょうか」

と健さん。

「二億円くらいという話です」

「決して高くはないね」

高倉組の女性スタッフは、

「私は庭の掃除係」、「シネマ室は私」

と、夢のような会話を続けてゆく。

一杯目のカフェオレを飲み切った健さんに、

「もう一杯いかがですか」

とギャルソンが語りかけるや、

「いえ、もう結構です」

とカップの口に手を置いた。

「お茶ばかり飲んでなんかいられないよ。このホテルを買うかどうか考えなきゃいけないよ」

少年のような笑顔で腰を上げた。


パリへ繋がる林檎畑が続く田舎道。車中に会話はなく、微睡《まどろみ》の時間を迎えていた。

鈍色《にびいろ》の空には冬の予感があった。私は健さんが語ってくれた暖炉の話を思い返していた。

「将来、北海道に土地を買って牧場をやりたいと思っていてね。今、五百万坪の土地を買おうかどうか検討中で、そうなれば、馬はアラブまで買い付けに行く。冬になったら、お客さんを犬橇《いぬぞり》で迎えに行き、部屋には暖炉が燃えている。そうやっていつも客人を迎えてあげる。いつかそんな暮らしを実現したいと思っている。実は犬橇はもうある。『南極物語』（一九八三年、蔵原惟繕《くらはらこれよし》監督）のロケの時に北極で買って、北海道の友人に手入れしてもらっているんだよ」

それからだ。スクリーンの中に息づく姿のままに健さんの終《つい》の棲家《すみか》探しが熱を帯びだしたのは。私は取材でお供したニューヨーク、ロサンゼルス、トスカーナで売り出し中の物件を耳にすれば、ドライバーと二人連れで、行き先も告げずに出かけて行く健さんの姿を目にしたものだった。

マネージャーのいない健さんを手伝おうとすると、「書くために来ているんだろう。そんなことはしなくていいよ」と諭された。
右・著者。撮影・渋谷典子

徒桜　あだざくら

健さんが生涯、桜を愛し続けたのはなぜか。

一九八五年、映画『夜叉』のクランクアップを待って、熊本に立ち寄った時のことだ。宿泊先は熊本城の前に建つホテルキャッスル。

「部屋に通され、窓の下を見ると、熊本城の一角に庭園灯の余光を浴びた一本の桜の木が凄く気になったんですよ」

夕食は馴染みの店で済ませたのだろうか。ホテルに戻ってきた健さんに声を掛けた男性がいる。

ホテルの支配人だった。

「今、桜が見ごろです。ご覧になりませんか」

「歩いて行けますか」

「すぐ、そこですから」

支配人の指さす方向に歩き始めた時、辺りは暗い闇に包まれていた。

城内の桜は満開だった。ぼんぼりのように咲いている花を裸電球が照らしだしていた。

歩く足音もはばかられるほどの静寂さ。


「一斉に咲き乱れ、一斉に散る。

その潔さに息を呑みつつ、酒食を共にするいにしえからの慣《なら》わし。

（日本人に生まれて良かった）

その時、強く思いましたね」


桜の季節が終われば、次の一年はためらいもなく始まる。

それから間もなく、蔵原惟繕監督から映画出演の話が来たのだった。

映画『海へ―See you―』（一九八八年）。監督とは『南極物語』から四年ぶりの再会だった。

この映画の前評判は高かった。

世界で最も過酷なラリーとして知られているパリ－ダカールラリー。

日本から参加するチームに、「CMに登場する人気スターを加えろ」とのスポンサーからの要請があった。リスクの高いコースを素人のドライバーが完走するために作戦が練られる。その秘策がメカの神様と呼ばれる本間英次《ほんまえいじ》（高倉健）をサポート役として付けることだった。大自然の中に繰り広げられる人間ドラマ。四カ月の長期ロケが敢行される予定だった。

蔵原監督は日活で石原裕次郎《いしはらゆうじろう》主演映画をヒットさせている。そこに、テレビドラマで注目を浴びている倉本聰《くらもとそう》氏が脚本で参画。

ロマンティックで華やかさのある物語に不器用な男を真骨頂とする「高倉健」がどう折り合いをつけていくのか。私の関心はそこにあった。う～ん。それも逃げ場のない長期ロケ。できれば、多くの時間を費やしてロケ取材をしてみたい、私の念望は高まっていった。

私が最初に現場を訪れたのはイタリアの港町ジェノバ。ロケは日本のスタッフと海外のスタッフの混合組で行われていた。海外スタッフは「契約通り残業はしない。休日は欲しい」を現場で実力行使していた。そのせいもあってか日程も大幅に狂っていく。製作プロデューサーが立てた予算も桁《けた》はずれでオーバーしていった。

撮影がまだ佳境に入らないイタリア、ポルトフィーノのカフェで健さんから話が聞けた。

「パリーダカールラリーのコースを辿っての撮影とあって、きっと過酷なものになると覚悟はしています。撮影はラリーコースのほかに、ここジェノバ、フランス、そしてスペイン……。『南極物語』で壮大な画《え》を撮った蔵原監督ですからね、これから何が待ち受けているのか想像がつきませんよ（笑）」

ジェノバの取材を終えた私は一度、日本へ戻った。それから間もなく、共同取材チームに加わってフランスに入り、そして、アフリカ大陸へ渡った。

チュニジアのサハラ砂漠——。東京から訪れた取材陣は、遠くに見えた暗雲は砂嵐の前兆であると、宣伝部から尻《しり》を叩かれるように早々《はやばや》ホテルへ帰された。それから間もなく撮影現場を突然の砂嵐が襲った。

だが、健さんと撮影隊は一向に戻ってこない。帰らぬ健さんをロビーで待っていた私が見たモノは、砂と雨で真っ黒になった撮影隊の中に交じり、眼の玉だけがぎらぎら光る健さんの姿だった。

健さんは一俳優であるにも拘《かか》わらず、映画の成功を祈り、そのために煙草を断ち、好きな珈琲まで断った過去がある。

「自分が最後まで走り切れるのは、映画のために不眠不休で頑張る仲間がいるからだ」

砂嵐で撮影休止になった隙間の時間にこう話してくれた。

しかし、その撮影には『南極物語』とは別の意味で抜き差しならぬ過酷な状況が大きな口を開けて待っていたのだった。

現場で岡田裕《おかだゆたか》プロデューサーの話を聞けば、

「実際のパリダカ開催時期に撮影プランを立てていたから、ラリーがひと休みする夜間に撮影することが多い。大気の温度は一気に下がり真冬なみ。ひとたび風が吹き、砂が舞い上がれば撮影機材はいっぺんにダメになる。

日本、イタリア、チュニジアのスタッフの混乱の言葉が入り乱れる。

予定よりかなり遅れてしまっています」

蔵原監督の徹底的なドキュメントタッチな撮影が続く中、事件は起きた。

健さんが制止できないほどの怒りに駆られたのだ。

当時のスタッフの話によれば、

「スペインの火祭りの撮影が済み、最後に闘牛場の撮影へ行きました。ちょこちょこと撮り終える予定でいたので、準備が足りませんでした。

闘牛場は広くて、高倉さんが演技をしている所からキャメラまでは離れている。本物の闘牛をやっているわけだから、お客さんは大騒ぎして、健さんと遠く離れたキャメラの間に興奮して立ってしまう。

キャメラマンが向こうから、『顔が見えません』と言えば、高倉さんは『そんなこと言われたって』となる。

その撮影は終わったんだけど、高倉さんが怒り出しちゃってね」

翌日は、チュニジアに戻る予定だった。

「メイクが高倉さんの傍にいたんだけど、出発時刻になっても『起きてこないんです』と。

『自分はもうチュニジアには戻らないと言い出している』って。高倉さん待ちしている僕らにはどうしようもできないから、『先に帰っています。チュニジアで待っていますから、帰ってきてください』と言い残してホテルを出ました」

で、結果は――。

「まっ、帰って来られたけど（笑）。高倉さんの傍に付いている助監督は大変でしたね」

怒りが空虚感に変わったのか、健さんは現場に復帰。あとはアラスカでの撮影を残すだけになっていた。

その折、日本で取材原稿を整理していた私に健さんからメッセージが入った。

「ここまで取材したモノを読ませてくれませんか」

健さんは報道記事には口を挟まなかったが、雑誌の企画ものの取材を受けた折には原稿や写真すべてをチェックした。そして、気になる文言があれば、電話を掛けてきて、

「この言葉は少し意味が違うと思う」

と言い、適当な語彙《ごい》が見つかるまで一緒に考える。その場で見つからなければ、「じゃ、考えておいてくれ」と言い残し、最終校了の日までには必ず電話が入って、納得がいけば

低い声で「オーケー」と言い、電話をサッサと切ってしまうのだった。

こうしたことを求める健さんの取材だけに私は原稿を見せる心積もりがあった。当初は、最終ロケ地はアラスカで、そこへ原稿を届ける予定を立てていた。

だが、撮影隊がフランスからアラスカへ移動する直前、スタッフの一人がアラスカのビザを取っていないことが分かり、ロケ地が三菱自動車のテストコースがあるフィンランドに変わった。よくぞチケットの手配が間に合ったと思うくらいの突然の変更だった。

私は原稿がまとまると、日本からフィンランドへ向かった。撮影は数カットのみとあって、健さんは北欧の冬を楽しむ余裕があったようだ。私が着いた時にはスノーモービルを乗り回してハンドル捌《さば》きを見せてくれた。原稿も翌朝には戻してくださり、「オーケー」と言いながら、左手を眉間《みけん》に当てて敬礼するポーズを取った。

その翌日、撮影も終わりフィンランドからフランスへ。パリの街で数日の休暇を過ごし、帰国した健さんから連絡が入った。

「仕上がった写真を見たい」と言う。

炎熱の砂漠を思い返しながら、私は遠回しに、闘牛場ロケの一件を尋ねてみた。

「大がかりなロケが続いてスタッフの苦労は分かっていたんだけど、とにかくいい加減なことって嫌いでね。自分のアンテナがコイツは耐えられない、と感じてしまったら、もう絶対ダメ！　それを『理論づけて説明しろ』って言われただけで、もう反抗したくなるんだよ（笑）。ホントに困ったもんですよ」

人間臭さにも満ちた現場だった。

それから間もなく宣伝部に公開日を確認すれば、目前の五月十八日だという。ゴールデンウィーク後の公開は「客足が期待できない」と言われている。

だが、決まった以上は、残った力を振り絞って編集せねばならない。現場の緊張感はさらに続いた。撮影したフィルムはかなりの長さがあり、蔵原監督も「どこを切ってよいのやら」と苦悶《くもん》。最終的に、二時間五十四分に仕上げたのだった。

初試写の日、海外ロケでは剛毅《ごうき》なオーラを放っていた監督が落ち着いた表情で満開の桜を見上げていた。そしてぽつりと何かを仰ったようだったが、私の耳には届かなかった。

二〇〇二年十二月二十八日、蔵原監督は七十五歳で逝った。

過酷な現地ロケ、そしてダンディーな風貌。世に阿《おもね》らない生き方がそこにあった。

私は健さんから監督の訃報《ふほう》を知らされた。

健さんは『南極物語』『海へ―See you―』を作り上げた蔵原監督には並々ならない恩義を感じていたのだった。


満開の桜を見上げて監督が呟《つぶや》いた言葉がこの時、明らかになった。

「試写を観られた後、監督は桜の木の下に立ち止まって、『あと幾度、現役でこの桜を観られるのでしょうか』、そう仰った。監督のその言葉は強烈に心に残っている」

健さんから熊本城の夜桜の話を聞いた私は、数年前にそれを観に行ったことを打ち明けた。

「だったら、わかるよね。
桜は命を賭けて必死に咲く花だから、人は集い酒を酌み交わす。
人の命も実に儚《はかな》いもの……。
花の下に佇《たたず》むことにも限りがあるんだな……」
健さんにとって〝死〟は禁句ではなかった。
残り時間が足りているかどうかを意識する上で、肝心な要素であった。

「高倉健、しっかりしろよ！」

「戦後」を振り返ると、一九六四年の東京オリンピックから一九七三年のオイルショックまでの間、日本人は一番活気があったと思う。

懸命に働き、稼ぎ、車を買う。

健さんの任侠映画はそんな時代に熱狂的に大衆から受け入れられたのだった。

俳優やスタッフ達の移動を請け負うロケーションサービスという仕事も同様で、かなりの需要があり潤沢な稼ぎがあったようだ。

健さんが撮影現場に向かう車には、確かな技術を持ち、礼儀正しいドライバーが付き物だった。正木威《まさきたけし》さんも選ばれたドライバーの一人で、彼が経営するロケバス会社は威さんの父親がトラック一台で大映の仕事をメインに始めたということだった。

やがて映画産業が斜陽になると、活路をＣＭ関係の仕事に求めていったのは正木さんの会社も例外ではない。


中学時代はいっぱしの不良で母親を心配させてばかりいた正木さんにとって、「高倉健」は特別な存在だった。映画の中の健さんは神々しく、健さんが履いていた雪駄《せった》に似たモノを作り、新品の煙草の両端をつぶして吸い方を真似た。

「男だったら一度始めたことは最後までやりとおせ。

言い訳せずにけじめだけはつけろ――。

そんな健さんの台詞がいつの間にか自分にとっての教科書になり、やんちゃも馬鹿らしい歳になると、自然に親父の仕事を手伝うようになっていました」

一九九七年、健さんの珈琲好きが買われてポッカコーヒーのＣＭ出演が決まった。

風が強い曇天の日に、健さんが、伊豆《いず》・下田《しもだ》の海に向かって、

「高倉健、しっかりしろよ！」と嗄《しわが》れ声で叫ぶあのＣＭである。

この台詞が決まるまでも決まってからも健さんの知らぬ所で現場はざわついていた。

「あの高倉健がこんな台詞を言ってくれるだろうか」

だが、意外にも本人はケロリとして、むしろいたずら好きの少年のようにキャメラの前に立っていた。

ロケのため用意された宿は下田の老舗旅館。そこでの夕食の間、正木さんは健さんの正面に座っていた。話に淀《よど》みがない。

それもそのはず。健さんとの仕事は初めてではなく、映画『野性の証明』（一九七八年、佐藤純彌《さとうじゅんや》監督）からの付き合いだという。当時の、薬師丸《やくしまる》ひろ子《こ》さんとの思い出やら、知られてはいけないような撮影秘話まで懐かしそうに話している。正木さんのお喋りで健さんは寛《くつろ》ぎ、周りの人達も気兼ねなく食事を楽しむことができた。

健さんの隣に座った私の耳に、「癌の手術をしたばかりで……」と言う正木さんの声が聞こえてきたのは宴が終わる頃だったと記憶している。

それからしばらく正木さんと直に話す機会に恵まれなかったが、珈琲ＣＭから五年後の二〇〇二年、『旅の途中で』（新潮社）の「編集合宿」に同行をお願いすると、「精一杯務めさせて戴きます」と即答された。

東京から下田まで、運転席の真後ろに座る健さんに、正木さんは穏やかな声で話しかけていた。媚《こ》びも諂《へつら》いもなく実に心地よいタイミングで、健さんを退屈させない。

それればかりではない。定宿であるペンションに着くや、真新しい木刀を木綿の袋から取り出して見せた。

「高倉さん、今回の合宿は一週間、座卓仕事と聞きました。身体が鈍ってきたら、これを振って居合いの真似事でもやりましょう」

正木さんのバッグからは、仕事が順調に進むようにと健さん贔屓《ひいき》の楽曲が入ったＣＤから健さん映画のＤＶＤまでどんどん出てくる。翌日から、お茶の時間に上映会をして和ませてくれたのだった。

その晩、正木さんの部屋を訪ねて体調を伺うと、

「実は、つい最近まで抗癌剤治療のため入院していました。退院後、ゆっくり静養をと考

えていましたが、この話を戴いて、『健さんの仕事は生き甲斐《がい》だからやらせてくれ。健さんと一緒にいると食事も旨《うま》いし元気が出るんだ』、そう家族を説得しました」

弱音を吐かない正木さんだったが、身体が疲れていたためか、やがて食欲が落ちていった。

料理やらデザートやらが次々と出されたが、箸を付ける真似事で済ます。

合宿も半分が過ぎた頃、健さんは眼を充血させてティッシュで鼻を押さえながら、と言う。

「限界だな。今日、帰ろう」

例年、スギ花粉症に罹《かか》ってしまうことは知っていた。

原稿の推敲《すいこう》が、三分の二は済んだろうか。ようやく先が見え始めた頃だったが、無理に続けても仕事に集中できるとは思えなかった。

話が決まれば動きは速い。ペンションのオーナーは、「お昼に食べてください」とサンドイッチを持たせてくれた。

＊

合宿から三週間後、私は正木さんを自宅へ見舞った。
そこで、数年に亘る闘病生活を告げられたのだった。
「癌は肺へ転移し、それも隠さずお話ししました。
その時、健さんから包みが届きました。
それは銀製のペンダントで、そこに『四耐四不訣《したいしふけつ》』の詩が刻まれていたんです」

冷に耐え　苦に耐え　煩に耐え　閑に耐え
激せず　騒《さわ》がず　競わず　従《したが》わず
もって大事をなすべし
（ペンダントの刻字ママ）

「思いがけず戴いた言葉で、『騒がず、慌てずに苦難に向きあっていこう』――そう思った途端、気分が軽くなっていきました。

実際、不思議でした。健さんとご一緒している間は、本当に痛みが止まる。元気も出る。それまでは固形物は全て吐き出していたのに、皆さんの量の半分も食べられた。奇跡だと思ったくらいです。

あの時、健さんはご自分の花粉症ではなく、僕の身体の不調を察していたのでしょう。だから、合宿を中断して、帰りの車中でも眠らずに、ずっと僕に語りかけてくれていたんでしょう」


私は健さんの後ろの席でこの時の状況を見ていた。


「高倉さん、ここからちょっと入った所にお見せしたい物件があるんですが、寄って行きませんか」

正木さんはこれまでにも健さんの終の棲家探しの良き相棒を務めていた。伊豆の漁村、長野の別荘地……。至る所へ車を駆って二人で出かけていたが、ここに至っても健さんへの気遣いは忘れなかった。

あの日の健さんは、「いや、今日はやめておこう」、と短い言葉を返すだけだった。

「正木ちゃん。もう身過ぎ世過ぎに肩肘《かたひじ》を張らなくてもいいんだよ」

健さんの声が聞こえた気がした。

私はハッとしたけれど、エンジン音を除けば、とても静かな車内だった。

＊

自宅の窓に差し込む陽射しが淡いオレンジ色に変わった。

正木さんは苦しい呼吸の中に柔らかな言葉を吐いた。

「少年の頃に映画で観た健さんは、自分にとって永遠のヒーローでした。

そして実際に仕事をご一緒させて戴いても、やっぱりそうでした。

嘘がなく、真っ直ぐで、誰がなんと言おうと自分が決めた道を進む。

しんどい時もあるでしょうが、決して、弱音を吐かず、黙っている。

ある時、特注のマウスピースを見せてくれて、
『辛《つら》い時は、このマウスピースをぐっと噛《か》んで辛抱するんだ』
そう言っていました……」

それから五カ月後、また来たがっていた下田の海の輝きが色褪《いろあ》せ始める頃、正木さんは五十五歳で息を引き取った。
私に訃報を伝えてくれたのは健さんだった。

「正木君が亡くなった。
命はいつ終わるか分からない……。
命あるうちに仕事をしなければいけない、
今、強くそう思います」

「葬式無用　戒名不用」

健さんの電話は自宅からのことが多かった。たぶん十分に寝た後に好きな珈琲を飲みながら一日の仕事の内容を反芻し、ふと思い出した順に電話をかけることが日課になっていたのだろう。

私への電話も昼頃に掛かることが多かった。

ある日の電話は、『アサヒグラフ』（一九九四年一月二十一日号、朝日新聞社）が発売された翌日の事だった。

「『アサヒグラフ』の新聞広告で白洲《しらす》正子《まさこ》さんの特集記事が掲載されていることを知ったから、すぐ読んだよ。とても良い内容だった」

と言われて、

「私がまとめたものです」

と和らいだ喜びで答えると、

「お前もずいぶん成長したな。時間があったら白洲さんの話を聞かせてくれ」

健さんにしては珍しい反応だった。私はすぐに日程を提案した。

「オーケー」

低音で少し伸ばしぎみに返事をするや健さんは電話を切った。


その日の昼下がり、私は高輪《たかなわ》のホテルの珈琲ショップに居た。小腹が空《す》いていたので、みつ豆を注文し食べていたら、後ろから健さんがひょっこり現れて、

「こういうのを食べるから太るんですよ」

と言いながら私の前の席に座り顔見知りのウェイターに、

「カフェオレ、お願いします」

健さんは黒のタートルネックのセーターにベージュのチノパンツ。日参する床屋に置いてきていたのか、上着は着ていなかった。

「あれ、相当取材したね」

その問いに取材期間が十カ月余りだった事を告げた。

白洲正子さん（明治四十三年～平成十年）は鹿児島出身の伯爵樺山《かばやま》家に生まれた。連合国軍占領下の日本で「吉田茂《よしだしげる》首相の懐刀」と言われ、「新憲法誕生の生き証人」として知られる白洲次郎《じろう》さん（明治三十五年～昭和六十年）の婦人である。二人は昭和四年、正子さん十九歳の時に結婚している。

次郎さんの生涯貫いたモットーは「家庭に仕事を持ち込まないこと」だったのだろう。正子さんにおいては夫の仕事の内容を細かく把握していなかったようだ。

「次郎の趣味は、自動車と大工とゴルフだった」と正子さんは言う。八十歳にしても尚《なお》ポルシェを乗り回していて、昭和十八年、疎開先に選んだ町田《まちだ》市能ケ谷《のうがや》では日曜大工としてテーブルや戸棚、新聞受け箱を作っていた——等々、正子さんから取材の合間に聞かされたことは少なくない。

夫婦は疎開時代に住んだ茅葺《かやぶ》き屋根の家に戦後も住み続けた。

「幼い頃は、富士山が見える御殿場《ごてんば》に住んでいたのよ。ここでは富士山は散歩道で時々拝むだけになったわ。でも、富士山は毎日、見るモノじゃないわね。時々見るから有難いのよ」

と大きな眼をぎょろりとさせて話した。

随筆家であるものの家にはファックスもなく、不便な暮らしを愉《たの》しんでいるかのようだった。

最初のうちは手紙や電話で取材のお願いをしていたが、時間がある日はぶらりと訪問し、正子さんが昼寝中に近在の豆腐屋が白洲次郎好みの木綿豆腐を届けるのを受け取りもした。

やがて応接室から書斎代わりにしているダイニングでの取材を許された。

ある日、「今日、届いたばかり」と無造作に手渡された随筆集『夕顔』(新潮社)。手元にはそれ一冊しかない様子だった。遠慮するこちらの気持ちを勘よく捉《とら》え、「いいのよ。また送ってくるでしょう」と使い慣れた茶碗《ちゃわん》で茶を啜《すす》りながら言う。

この瞬間、白洲正子のモノに対する価値観を垣間《かいま》見た気がした。

五十有余年暮らす自宅のいたるところに置かれた骨董《こっとう》品に対しても同じことを言ってのけた。

「たしかに古いモノだけれど、これらは遣わなければ何の意味もないのよ。室町時代の壺《つぼ》も花器に遣っているうちによい味が出てくる」

「壊れる？　そんなことを心配しなさんな。カタチあるものはいずれ壊れ、土に還《かえ》っていく。それが自然なことなのよ」

「私はそんな大した人間じゃない。骨董遊びをしているだけなんだから」

こうした呟きをまとめるまでに十カ月という時間を要したのだった。

正子さんからは、

「あなたは、近江《おうみ》のお百姓の娘みたいだわ。肌はお日様でよく灼《や》けているし、腰はしっかりしているしね（笑）」

正子発言に、健さんはカフェオレを飲みながら反応した。

「白洲正子さんの言うことは洒落《しゃれ》ている。次郎さんとは素敵なカップルだったろうね」

私は正子さんに尋ねた話を続けた。

「夫婦喧嘩はしないんですか、と訊いたことがあります。次郎さんとは一度も夫婦喧嘩をしたことがないそうです。

『次郎が見ているのは外ばかり。私のしていることにはあまり関心がなかったのかもしれないわ』

そう仰っていましたね」

正子さんはライフワークの一つに「世阿弥《ぜあみ》と両性具有」を掲げ多くの書でそのテーマを

探究していった。

昭和三十九年には随筆『能面』（求龍堂）で第十五回読売文学賞を受賞する等、随筆家として活躍する一方、骨董収集鑑定で知られた青山二郎《あおやまじろう》氏との交流で「真贋《しんがん》の眼」を鍛えていった女性である。

正子さんは脚を痛め室内でも杖《つえ》歩行を日常としていた。書斎と化していたダイニングの大きなテーブルに書籍や親しい友人からの手紙が積まれ、それらを素っ気なく撫でると、こう言い放った。

「最近の書き手は己の暮らしを立てるために本を書いている。だから、後世に遺《のこ》るような作品が生まれないのよ。いにしえの物書き達は腸《はらわた》に響くモノとの出逢いを待ち、それを売ろうなんて魂胆は微塵《みじん》もなかったわ。自分で野菜を育ててそれを喰らい空腹を凌《しの》いだもの。本物というのは、そうした所にだけ宿るものなのよ」

正子さんの潔い言葉に、私は健さんの言葉を反芻《はんすう》していた。

仕事を待つ心構えを尋ねた時のことだ。

「何もかもがめつく貯め込みたいと思ったことはない。

ただ、好きな人に何かしてあげたいとガンガン働いたことはあった。

それもある程度、稼げるようになったら、金だけではどうにもならないことがあるんだなって。

そう思ったら、何か大切なものを金と引き換えにしていたんだって、強く反省しましたね」

だからこそ、脚本《ほん》や演じるキャラクターが自分のみぞおちにストンと落ちる作品のオファーをじっと待つ。それが健さんの仕事の流儀となっていった。

カフェオレを飲み切ると健さんは、

「これからも取材、続けろよ」

そう言って、みつ豆代まで支払ってホテルの中庭へ消えていった。

その後も正子さんとは運よく京都や奈良へもご一緒したことがある。

だが、それは正子さんの体調がよい時期のことであり、日頃は呼吸器の病を持ちながら、裏庭には実の娘さん家族が住み、お手伝いの蕎乃《その》さんの援助があるとはいえ、高齢の単身住まい。

約束の日に伺っても、「今朝、入院しました」という事が数回あった。

蕎乃さんから入院先を聴き、都内の病院へ伺うと、眼光鋭いあの眼差《まなざ》しは健在で、

「ここの病院は食べ物が不味《まず》くってね。早く退院するから、その時は神楽坂《かぐらざか》の大〆《おおじめ》の押し寿司を持って来てね」

美味しいものには目の無い正子さんは約束通り肺炎が落ち着けば早々に能ヶ谷へ戻って来られた。

平成十年十二月二十六日。

私はテレビニュースで正子さんの訃報を知った。

土曜日だったこともあったが、報道の知り合いに詳細を聴けば、

「家族は雨戸まで締め切って供花《きようか》や弔電は一切お断りしているようです」

私は想像がついた。正子さんは生前から、

「次郎はとても丈夫な人で、体調を崩してから二日後にあの世へ逝ってしまったのよ」

正子さんの書『遊鬼　わが師　わが友』（新潮社）の最終章が『白洲次郎のこと』。

そこには、白洲次郎の最期についてこう記されている。

遺言により、葬式は行わず、遺族だけが集って酒盛をした。
彼は葬式が嫌いで、知りもしない人たちが、お義理で来るのがいやだ、
もし背いたら、化けて出るぞ、といつもいっていた。
そういうことは書いておかないと、世間が承知しないというと、
しぶしぶしたためたのが、「葬式無用　戒名不用」の二行だけである。
（改行は著者による）

正子さんの言葉が蘇《よみがえ》ってくる。

「次郎は入院した夜から意識がなくなった。私は言葉も発しない次郎に堪《た》えられなかった。先生に話を伺ってから自然死を選び機械や管を取り外してもらったのよ。先生は『醒《さ》めたご一家ですね』と言われたけれど、人間として当然のことをしただけ……そう信じている。しがらみの多い生涯を生きた人だから、死ぬ時ぐらいは勝手に死なせてあげたかった……」

次郎さんの後を追うこと十三年後、正子さんも肺炎のために、八十八歳で入院先の日比《ひび》谷《や》病院で息を引き取ったのだった。

取材を通して知り合った京都の魚屋の女将さんから、正子さんの最期を聞くことができた。

「病院から帰って来られた直後、正子さんの亡骸《なきがら》を拝ませてもらいましたわ。生花もなく、あるのは正子さんの気に入りの器に大山れんげの冬枯れの枝が活《い》けてあっただけでしたわ」

正子さんは「私の好きな花」の一つとして大山れんげの名を挙げていた。深山《みやま》に自生し、新緑の頃、高木に大振りの白い花を俯《うつむ》きぎみに咲かせ、馥郁《ふくいく》とした奥ゆかしい香りを放っている——。

正子さんは、

「私はこの世を十分に愉しませてもらったわ。後はご自由に……」

と言わんばかりに冬日に旅立った。

この見事なまでの身終《みじま》いに、健さんの顔が浮かんだ。

電話で伝える自信がない私は、「大事な事のみ受け付ける」と言われて教えてもらった自宅のファックスへ、「白洲正子さんの最期」と記して送ったことを憶えている。

その返事は、翌日の早朝。

「ファックス、ありがとう。みぞおちに強く入ったよ」

そう言うと健さんは電話を切った。

晩年、嵯峨野への旅をご一緒した時に、「この先におもしろいものがあるのよ。身体がいうことを聞かないから、今日はここまでね」。白洲正子さんが伸ばした指の先に何があったのだろう。
撮影・石動弘喜

第二章　愛する女性との永訣

純愛

二〇一七年秋、健さんの命日を間近に控え、台風空を見上げている。どんよりと垂れこめた雨雲。北フランスのドーヴィルの空を思い出す。

一九九七年。ＣＭの撮影を済ませ、道草で出逢《であ》った「売値二億円のホテル物件」に心躍らせた高倉組は林檎《りんご》畑をひたすら走り、パリの街に差し掛かっていた。その頃にはすっかり陽が傾いていていた。

久しぶりに見るパリの街並みにわが家へ戻ったような安堵《あんど》感、そして心地よい疲労感のためか、車中は沈黙の闇に包まれていた。

市街に入るとエッフェル塔が見え始め、トンネルに入っていく。

風を切る音が変わった。

「あっ」という声を誰かが上げた。

幾束もの花に私達は気づまりを感じた。そこはダイアナ元妃の死亡事故の現場だった。


悲劇はこの年の八月三十一日未明に起きた。

私達がトンネルを通過したおよそ四十日前のことになる。

若くして皇太子に見初められ二人の王子にも恵まれ、幸せの絶頂にあったかに思えたダイアナ妃は夫の不貞を知ってしまった。それからの狂おしい日々。

そして、恋人と噂されたドディ・アルファイド氏と乗ったメルセデス・ベンツがトンネルの壁に激突し還《かえ》らぬ人となったのだ。


高倉組を乗せた車は、「ホテル　ドゥ　ラ　トレモワイユ」に到着した。このホテルはシャンゼリゼ通りから五百メートルの距離にあり快適なサービスとエレガントな雰囲気で健さんを満足させていた。

だが、車から降りる健さんの様子がおかしい。いつもなら、振り向きざまに、「夕飯は何にしようか、みんなで考えておいてくれ」なのだが、振り向かず歩いていってしまった。

本来ならば夕食への期待も膨らむ時間帯だったが、それはあっけなく散った。健さんが、「今晩は部屋で過ごしたい」と言い出したのだった。理由は分からぬままにスタッフを一人残して、私達はホテル近くのレストランへ向かった。あまりの美味しさに、一人残ったスタッフに電話をした。

「少しだけ抜けて、夕食に来ませんか」

「高倉さんの様子を見て、行けたら行きます」

だが、そのスタッフはとうとうやってこなかった。

その晩、健さんの心を塞《ふさ》いだのは何であったのか——。

帰国後、あるラジオ番組の打ち合わせで、心に澱《おり》のように溜《た》まっていたあの夜の疑問を投げかけてみると、健さんは語りだした。

「パリは好きな街ですから、これまでにも幾度も行きました。

でも、あの時はとっても居心地がよくなかった。というのも、仕事が終わった夕刻、ダイアナ妃が亡くなったトンネルを通り過ぎた。もう残骸《ざんがい》があるわけでも何でもない。トンネルの柱にほんのちょっと、これが事故の痕《あと》なのかと思わせる傷が残っているだけなのに、通り過ぎようとした瞬間、ざわざわざわと鳥肌が立ったんです。

ホテルに戻ってからも食事に行く気にもなれませんでしたね。深夜、繰り返される葬儀の映像を、身を硬くして観ていました。そうしながら色々なことを考えましたね。

ダイアナ妃の死でなぜ世界中の人達が深い悲しみに暮れたのだろうか。彼女が慈善事業をしていたからとか、地雷の廃止運動に力を尽くしていたからなのだろうか。

いや、そんなことじゃない。ダイアナ妃は恵まれているようで、決して恵まれていなかった。人が持って生まれた運命というのか。幸せを求めることの難しさとか悲しさ。そんなことを、痛烈に感じましたね」

そして、健さんがパーソナリティを務めたラジオ番組の中で流された曲が、エルトン・ジョンの『キャンドル・イン・ザ・ウインド　一九九七』。

あなたの人生は風の中に灯《とも》るキャンドルだった――。

ダイアナ元妃を偲《しの》ぶ歌からは、突然亡くしてしまった人への未練が切々と伝わってくる。ふと甦《よみがえ》るそんな別離を、健さんも口にしたことがある。

「縁あった女性《ひと》が幸せになっていたら、自分の行く道も変わっていたかもしれない」

その女性は歌手の江利チエミさんだ。二十二歳の花嫁は、人目を憚《はばか》らず「ダーリン」と呼んで健さんを照れさせた。

この時代の話を伺いたいと思っていると、健さんからこんな話が出た。

「親父は子どもの僕を料亭に連れていってくれてね。中でも、福岡の料亭にはよく行った。女将さんから、『ボン、ボン』と呼ばれて。結婚した当初、二人で女将さんに挨拶《あいさつ》に行ったことがあったよ」

「で、その店の名は?」と訊《き》くと、意外にもすらりと教えてくれた。無論、連絡してもよいとのことで、後日、福岡の料亭に電話をした。生憎《あいにく》、健さんの新婚時代に女将だった女性は入院中だったが、当時の様子を知る娘さんから話を聞くことができた。

「随分昔のことですけれどよく憶《おぼ》えています。健さんは照れながらチエミさんを紹介くださいました。最初、チエミさんを見た時の印象は『ウワァ、〝真っ白〟なお人やわ(笑)』。

そう思いました。屈託のない笑みを顔いっぱいに浮かべていて。実際、肌が透き通るくらい色の白い方でした」

その前後、実家に立ち寄り親類縁者にもチエミさんを紹介した。それからというもの、福岡で仕事がある時にはチエミさんは単身で健さんの実家まで足を延ばし娘のように振る舞い数日を過ごしたそうだ。

だが、二人の幸せは長続きしなかった。世田谷《せたがや》にあった自宅の火災、妊娠したものの出産できなかった母体の事情。不幸はさらに続き、チエミさんの身内（母親と前夫との間に出来た義姉）が作った莫大《ばくだい》な借金と財産の横領。それを健さんに背負わすまいと自らが申し出た離婚だった。

離婚記者会見の席で、記者からの「健さんを今、どう思っていますか」という質問に、チエミさんはこう答えている。

「ただ残念です。

悔いがないと言えば嘘になりますが、

よくこんな女を長いこと傍《そば》に置いてくださったと感謝しています。

これからも私の心の中に残しておきたい」

その後、心の寂しさを埋めるかのようにチエミさんは仕事を選ばず働いた。

離婚して十年余りの歳月が流れ、ようやく借金を完済し静かな日々を取り戻していた頃。

一九八二年二月。親戚《しんせき》の寿司《すし》屋で昼食を摂《と》った後、明日の仕事を慮《おもんぱか》り、高輪《たかなわ》の自宅に戻っている。翌日、迎えに行ったマネージャーが見たのは変わり果てたチエミさんの姿だった。死因は脳溢血《のういっけつ》と吐瀉物《としゃ》が気管に詰まっての窒息。四十五歳で逝去された。

葬儀の日は奇《く》しくも二人の結婚記念日だった。

チエミさんの訃報《ふほう》に触れ、居た堪《たま》れなくなった健さんは東京を離れ高速を西へ向かった。


健さんが一度だけ、チエミさんの死を口にしたことがある。


「その女性は別れてから十年、思いもかけずに亡くなりました。

その訃報を聞いた瞬間、随分昔に別れたはずの女性との本当の別れがきた、そう思いましたね。

自分の心の中にやり残したものがあることに気づきました。いつか時機が来たら、その女性に伝えたいと思っていたことがあったんです。それを伝えられない世界へ独り逝かせてしまった。

……自分は過去に悪いことをやってきたかもしれない……。少なくともあいつにはいい旦那《だんな》ではなかった。何もしてあげられないうちに独り寒い所へ逝ってしまった……。自分本位の生き方を思い知らされました」

パリのホテルで健さんの心を塞いだのは、もしやチエミさんの死に対する悔いなのかもしれない。

江利チエミさんのこと

昭和も終わりの頃である。一九八七年、「健さんエイズでパリの病院で死亡」という怪情報が流れた。翌年、公開されることになる映画『海へ—See you—』のロケ準備でパリに滞在することもあり、エイズ研究の権威として知られるパスツール研究所で目撃されたという話がきっかけになったようだった。

その最中《さなか》、世田谷の自宅前で待ち構えていた某テレビ局の若手ディレクターがいた。

後日、その日の顚末《てんまつ》を伺った。

「『ここまで来て取材するとはいい度胸だ！　何処の局の人間だ！』と怒鳴ったら、相手は恐る恐る名刺を差し出してきた。『お前の顔と名前はよく憶えておくからな』と言うと、相手はもう言葉も出なかった。にも拘《かか》わらず、その直後、その場面をそのまま放送していたよ。きっと上司の命令に従わざるをえなかったんだろうな」

エイズの情報は事実無根だった。

「あの時は、ラスベガスでボクシングを観ていたよ。パスツールなんて根も葉もないデマだよ」と一笑に付した。


その様子は幾度も繰り返し報道された。私はＶＴＲに収め、それをスローモーションで見返すうちに気になるシーンを見付けた。一時停止ボタンを押す。

静止した画面には自宅脇の電信柱が映し出されていた。

電柱のプレートに、「○○町○○番地」。

私が健さん家《ち》を知った日である。

江利チエミさんが祀《まつ》られている墓から歩いて数分の距離にあった「健さん家」。妙に感動したのを憶えている。

当時、取材前には、私は必ずチエミさんの墓参りを心がけていた。チエミさんがデビュー曲の『テネシー・ワルツ』を歌う姿の碑の前で、そしてチエミさんが眠るご実家の墓前で取材の無事を祈願した。

ある時、その墓石の前に立った私の心臓を射貫《いぬ》いたものがあった。

キラキラ輝くロックアイスが浮いたウィスキー。その脇には磨き抜かれたグラスに日本酒がとろりと注がれている。尺半分になった線香は紫煙をたなびかせていた。

「月命日でもないのに、こんな朝早く誰が?」

私は独りで唸《うな》った。

墓とは誰《た》がためにあるのだろうか。

この世に残った者が己の心根に向き合うためにあるのかもしれない。

寺を出るとやや迂回《うかい》して健さん家前《ち》を行きつ戻りつして、最寄《もよ》り駅へと向かった。

テレビの前で、健さん家を知り、チエミさんを想う健さんの心を拾ったように思えてふっくらと心が膨らんだ日のことを思い出しながら。


愛し合っていた筈《はず》の二人になぜ別れがきたのか。

雪村《ゆきむら》いづみさん。戦後歌謡史を彩った(元祖)三人娘(美空ひばり、江利チエミ、雪村いづみ)の一人で、三人の友情は後世まで語られている。いつかお会いしたいと思っていたが、その機会がやっと訪れようとしていた。

私が関わるテレビ番組にいづみさんがゲストでやってくる。打ち合わせ、お帰りの際の見送り。プライベートな話題は控えることが業界のマナーだったが、この時は、千載一遇のチャンスと考えていた。

番組終了。送迎車が来るまでの二人きりの時間にできるだけ張り付いていよう、と心がけた。ＡＤ（アシスタント・ディレクター）が席を外した瞬間、こう切り出した。

「私は三人娘の大ファンでした。あの真ん中でいづみさんはいつも笑顔でしたね」

いづみさんは喜びの表情をストレートに見せてくれた。

「ひばりさんとチエミさんの凄《すご》い力。そこに加えて戴《いただ》いた私って感じですよね。三人娘に入れて戴けたお陰で、私は今日も歌っていられる。仕事を続けていかれる。二人が生きていらっしゃる時からそうでしたけど、今も感謝しています。あの二人がいないことが人生で一番残念です」

お茶を戴いているのに、神妙な空気に包まれてしまった。

「一つ夢が叶《かな》うとしたら、二人に今、戻ってきてほしいです。話したいことといっぱいあって。話がしたいです。会いたい、会いたい（涙声）。

夢に、チーちゃんが出てきたことは二回ある。なぜかセーラー服着ていましたけど」

肉親以上の縁だったようだ。二人には語り継がれるエピソードがある。

一九五三年、チエミさんが渡米。その間に、いづみさんが歌手デビューしている。デビュー曲はテレサ・ブリュワーの『想い出のワルツ』。この歌はチエミさんも気に入りカバー曲として密《ひそ》かに準備していたものだったと伝えられる。

「チーちゃんは同じ曲をレコーディングしちゃった私にライバル心があったかもしれない。でも、私は先輩としてとても尊敬していたの。

だから、チーちゃんがアメリカから帰ってくる時、私は羽田《はねだ》に迎えに行ったんです。

そこでハプニングが起きました。

私のスカートの裾《すそ》からシミーズがちょろっと出ていて。それが良かったみたいで（笑）。

それからお話しするようになって、親友になっていって。それからも私にはチーちゃん以上の友達はできませんでした」

送迎車がそろそろ到着する頃だった。私の質問は本題に入った。

「高倉さんとの離婚の時は、いづみさんは相談を受けたのですか」

いづみさんは何の屈託もなく懐かしそうな表情で語った。

「あの時、私はノニ（チーちゃんからごく親しい人達が呼ぶ愛称ノニに変わった）の傍にいたの。『健さん、記者会見しちゃうよ。ノニは本当にそれでいいの？』と訊いたら、ノニは泣きながら、『離婚したくない』って言ったわ。

『お願い。記者会見を止めて』って、私は急いだの。

そして、『ノニは離婚したくないって。お願い。発表はしないで』と言ったら、健さんは、『ここまで来たら、記者会見はする。でも、世間が落ち着いたら、必ず……』って、そう言ったの。

その言葉をノニに伝えたら、顔をくしゃくしゃにして泣いていたわ」

これまでの健さんの取材で私は江利チエミさんに関する質問は極力、控えてきた。折々に健さんが語る言葉を優先し、チエミさんへの想いが溢《あふ》れ出るまで待つだけ待った。待つ間に、健さんとチエミさんをよく知る人から聞いた話を記録し続けてきた。それを交えて年表にしてみた。

一九五六年　高倉健俳優デビュー年に、人気絶頂のチエミさんと映画『恐怖の空中殺人』で共演。チエミさんの歌が大好きで、人目をはばからずチエミさんの楽屋に幾度も出入りした。ドライブ好きな二人は外車フォードで二人きりのデートを重ねた。

一九五九年　結婚。健さん二十八歳、チエミさん二十二歳。毎晩、ドライブに出る健さんに「私と車のどっちが好き？」とチエミさんが車に嫉妬《しっと》した。

一九六〇年　「歌うことは天職」とチエミさん、アーティスト復帰。

一九六二年　待ちに待った新たな命を妊娠高血圧症候群で中絶。この水子の魂を弔うべく中村錦之助《なかむらきんのすけ》（当時）さんに勧められた鎌倉《かまくら》霊園に墓を建立。

一九六三年　健さん「侠客道《きょうかく》」へ。チエミさんは「ミュージカルスター」へ。

一九六四年　チエミさん、前年に続き『ＮＨＫ紅白歌合戦』最多出場にして、司会も務める。

一九六五年　映画『網走番外地』『昭和残侠伝』、翌年『日本侠客伝』が大ヒット。主題歌の歌い方をチエミさんに教えてもらい好評を博す。

一九七〇年　自宅を火災で焼失。愛犬を失う。
一九七一年　チエミさんの義姉（異父姉）による横領事件などで、チエミさんから離婚を申し入れる。協議離婚成立。
一九八二年　離婚から十年が過ぎた年の二月十三日、チエミさんは、四十五歳の時に脳溢血と吐瀉物誤嚥《ごえん》による窒息で逝去された。
一九八三年　この年の十月、映画『海峡』公開。東宝創立五〇周年記念作品、文部省（当時）特選というだけに、森谷司郎監督の力作で、青森県竜飛岬《たっぴみさき》でのロケは一年がかりだった。
一九九七年　この年の七月、映画『南極物語』公開。チエミさんの訃報に触れ、極地での撮影に挑んだ。
イタリア取材旅行の途上、健さんが一度だけ、チエミさんの死を口にする。

チエミさんの評伝を書いた藤原佑好《ふじわらゆうこう》氏にお会いしたこともある。その時に、
「チエミさんと健さんの生活に温度差が生じたことはあったのでしょうか」

と尋ねた。

「チエミさんは結婚を機に、家庭に専念しました。健さんは仕事に入ると役になりきろうとされる。チエミさんはいつしか、満たされないものを感じ始めていたのかもしれないですね。気がつかないうちに自分の歌を繰り返し聴くようになっていったようです。まだ、自分にはやり遂げなければならないことがある——。チエミさんは、大衆に夢を与えるために生まれてきたことに気づいてしまった。歌うことで生きる喜びを感じていたあの時代にもう一度、戻りたくなったのでしょう」

それから二人はすれ違いの生活に流されていった。

チエミさんと交流のあった雑誌『酒』編集長の佐々木《ささき》久子《ひさこ》さんからもこんな話を伺ったことがある。

「チーちゃんの家で麻雀《マージャン》をよくやっていたのよ。健さんが仕事から帰っても、チーちゃんは麻雀を止めようとはしなかったの。清川《きよかわ》（虹子《にじこ》）ママも一向に気にしなくってね。健さんはチーちゃんの後ろのソファで寝転がっていたけど、いつの間にか出かけてしまった。こんなことが続いているうちに、健さんは家に戻らなくなっちゃったのよ。チーちゃんが健さんの居場所を探すようになった時にはもう遅かった」

東京ではチエミさんが帰らぬ夫の身を案じ始めていた頃、健さんは、自分の居場所を求めて流離《さすら》っていたのだった。

ようやく落ち着ける場所が見つかった。

それが阿闍梨《あじゃり》さんの庵であり、沖縄の海だった。

それから凡《およ》そ三十年、縁あって、健さんの「居場所」を訪ねた私は、チエミさんへの深い想いを知ることになる。

人気絶頂の江利チエミさんとデビューしたばかりの健さんとの出逢いは、映画『恐怖の空中殺人』（1956 年、小林恒夫監督）。清らかで愛嬌のあるチエミさんは健さんの理想の女性だった。二年余りの交際を経てゴールインしている。
写真・Kodansha/アフロ

「西表島で死にたい」

「ラジオ番組が終わったら、本にまとめよう」という約束が健さんと私の間で交わされていた。一九九九年、石垣島《いしがきじま》でラジオ収録（ニッポン放送『旅の途中で…』第四回）があった頃のことだ。

だが雲行きが変わりだしたのは、映画『ホタル』（二〇〇一年、降旗康男監督）の話が本決まりになった二〇〇〇年。

この年のラジオ番組は五年目に入り、洛北《らくほく》で収録された。

映画俳優を生業《なりわい》とする健さんは、洛北での収録が終わるや私にこう呟《つぶや》いた。

「早く（映画製作の）現場に行きたい」

それは腸《はらわた》から押し出したような声だった。その言葉を聞いた瞬間、私は自分の企画を

「時ならず」と持ち越すことにした。

健さんとの約束は半年、一年、いや数年掛かりでゆっくり動く。覚悟はいるが、反故《ほご》にされることはない。

健さんはラジオ番組で『忘れ得ぬ光景』という言葉をあげていた。

「迷いっぱなしの人生」に答えを探した場所が、沖縄の海や阿闍梨さんの庵である。

私はその光景を訪ねて、書き残しておこうと思った。

これから紹介するのが、最初にまとめた一篇である。

健さんが一九六〇年代に始めたスキューバダイビング。仕事やチエミさんのことなど、自身を取り巻くさまざまな問題から逃れるように沖縄へ旅立った。

電話もかかってこない。誰も訪ねて来ない。そこで、自分なりの行く末を探ったのである。

＊

「何処までも碧《あお》く」


西表島《いりおもてじま》の海人《うみんちゅ》・由五郎《よしごろう》さんがダイバー達を海に案内していた一九八〇年代だ。

「東京の人を案内してくれんか」と頼まれた。話を聞けば「高倉健」だった。

高校時代に本島へ渡り、『昭和残侠伝』や『網走番外地』を観に出かけたことがある。

「沖縄の男たちはのんびりしている。だからものも言わずに、一途《いちず》に自分の思いを貫き通す男に憧《あこが》れてしまったね」

由五郎さんは憧れの人と会う日、急に怖さを感じた。やっとの思いで、約束の場所に辿《たど》り着くと、

「高倉さんは、映画そのままの姿で立っていたね」

身体がガタガタ震え、珈琲《コーヒー》カップを皿から離す度にカタカタカタと音を立てた。由五郎さんの全身は汗でぐっしょりになった。

（これじゃ、アルコール中毒だと思われやしないか）と思い、「あの、僕はアル中じゃないですから。緊張しているだけですから」

それだけ言うのが精一杯だった。

健さんはニコッと笑い、由五郎さんと握手をした。

「僕からすると、高倉さんに会えるだけで幸せなのに、笑いかけてもらったり、話しかけてもらったり、大変な一日でした」

海へ案内する日がきた。

「あの人に何を喋《しゃべ》ればいいんだろうか」、緊張の朝を迎えた。

「高倉さんは海に出たら、子どもみたいに好奇心旺盛《おうせい》で、なんでも知りたがった。『あそこに見えるバラス島は、珊瑚《さんご》の死骸でできたんです』と言えば、普通の人は、『ああ、そうですか』で終わる。それが高倉さんは、『なんで珊瑚の死骸がここにだけに溜まったんだろう』。『こんなに大きな島になるのに、どのくらい時間が経ったんだろう』。それから、潮の流れの話から始まって、風の吹く方向や、なぜ、珊瑚が死んだのかと、納得するまで説明しないと船から降りようとしなかった」

その頃は、西表島を訪ねれば、一カ月は居たそうだ。その間、朝の天気を見て天気が良ければ毎日海へ出かけていった。目的地へ着くまで、健さんは車の中で道具の準備やら自分の持ち物の点検やら動き通しだったという。

「一番驚いたのは、船を掃除し始めた時。デッキブラシでゴシゴシ、ゴシゴシ、丁寧に磨き上げてくれた。掃除が終わると、自分で持ってきた本を読み、水中バイクをいじり。子どもが好きなことをやっている時みたいに、全身で楽しんでいたよ」

男同士の遊びの時間、次第に由五郎さんの緊張も解《ほぐ》れ、気を遣うこともなくなっていた。

「暑い時だから、大した弁当も用意できない。冷たいボックスに、ところてんとか島豆腐とか入れておいて、昼になるとそれを二人で食べた。あとは素麺《そうめん》が好きだった。おにぎりも多かったね」

食べるだけ食べると、「さあ、食休みだ」と言ってデッキに転がった。

ぽちゃ、ぽちゃ、ぽちゃ……。

波が船に当たる音を聴いていると、眠くなる。エンジンの音を聴いていても心地よくなり、健さんはよく寝ていたという。

海へ行かない日もあった。だが、健さんが由五郎さんの顔を見ない日はなかった。

「『今日は、島の歴史を調べよう。島のことに一番詳しい人は誰?』。僕が、『あそこのおじいさんだと思います』、そう答えると、そのおじいさんを訪ねて二時間でも三時間でも喋っていたね」

＊

ちょうど映画『ブラック・レイン』(一九八九年、米、リドリー・スコット監督)の頃だ。

西表島に住みたいと考えた健さんは、土地を買い求めている。

「いつか俳優をやめたら、風が気持ちよく吹く土地に暮らしたい。風にあたりながら、そこで眼を閉じられたら最高だと思います」

この言葉は、昭和の時代を駆け抜けた俳優としてではなく、一個人として最期を迎えたいという一縷《いちる》の望みだろうか。

常に視線を感じ、多くのファンの期待に応《こた》えてきた人生から解き放たれたい――。

健さんの痛切なメッセージだったと思える。

「腹ペコでしょう?」、由五郎さんは私を送りがてら息子さんが経営する寿司屋に立ち寄った。自分が見定めた魚を息子が捌《さば》く――今の幸せを私に見せたかったのかもしれない。

島かつおは丸々としていた。イカも白く輝いていた。

海の方から風が上がってきたらしく、微《かす》かに潮の匂いがした。

健さんが好きな風だった。

修行僧は仏を観たか

「夜には大阪に入りたい」と言う私に、海人の由五郎さんは見えなくなるまで手を振ってくださった。

取材費を倹約するためだが、東京から朝一番の飛行機で沖縄に入り、その日のうちに大阪へ飛びビジネスホテルで一泊。翌日、比叡山の麓《ふもと》の酒井《さかい》雄哉《ゆうさい》氏を訪ねるというかなりハードな行程を組んでいた。

酒井氏とはこれまでに幾度かお会いしていた。すべてが「高倉健」に関する話を伺うためだった。どこかに発表する予定もない取材だったから、一つでもみぞおちに響く話が聞けると、「では、次回また」と言って辞していた。だから回数を重ねることになった。

今回は、ずっと喉元《のどもと》に引っかかっていることの謎解きが目的だった。

ラジオ番組『旅の途中で…』の五年目の収録（二〇〇〇年）、一番の楽しみは酒井氏との対談だった。健さんが進行役。

「阿闍梨さんという言葉をお聞きになったことがあると思いますが、
これは千日回峰を成し遂げた人に贈られる称号で、
酒井雄哉氏は一九八〇年と八七年の二回、
つまり二千日回峰を成し遂げた方です。
この二千日回峰行というのは、おそらく想像できないと思いますが、
歴史上、この回峰行を成し遂げた大阿闍梨様は、
織田《おだ》信長《のぶなが》が比叡山に焼き討ちをかけて以降、
たった三人しか存在しません」

実にスムーズな滑り出しだった。というのも、京都のホテルから酒井氏の庵へ来るまでの車の中で阿闍梨様の修行について話していたためだ。

「『千日回峰行』とは比叡山延暦寺《えんりやくじ》の荒行として知られている。
七年掛けて歩く距離は凡そ四万キロ——地球一周の距離に相当する。
この行を途中で止めると自害しなければならない。
行者は常に首吊《くびつ》り用の紐《ひも》と切腹用の短刀を携えている……」
私達に説明した体《てい》だったが、近づく酒井氏との対談に備えているようにも見えた。

酒井氏の回峰行を済ませた後の暮らしぶりへ話が進むと、氏は一貫して、
「楽しくやっている」と無邪気な表情で答える。

話は佳境に入り、健さんから、
「阿闍梨さんに関してのご本が、いくつか出ていますけれども、
『山歩きの〝行〟をされた時に、二匹の犬を連れていらして、
(酒井さんは)死んだ振りをされた』と書かれています。
『動物が人間に忠誠を尽くすという話が本当かどうか、

人間をどこまで分かっているのだろうか』
酒井さんは山道の途中で突然倒れ、息を止められた。
そして、薄目を開けて犬達を見ていたら、
着物の裾を引っ張ったり、
顔をペロペロ舐《な》めたり……。

普通は、自分が死んだらどのくらい心配するだろうかと試すのは、
奥さんであったり恋人であったりすると思います。
これほど行を積まれた阿闍梨さんほどの人が、
試す相手が犬だということが、
僕はとってもも切ないなぁと思ったんです」

この問いに酒井氏は、
「今の世の中、絆《きずな》という言葉がなくなっていきそうでしょ。
親子の絆とかね。その絆を犬が教えてくれる。

犬でさえ、自分を育ててくれ、食わしてくれる人に対しては、忠実に慕ってついて来る……」

酒井氏の、「生きとし生けるもの、心の一番奥にあるものは人でも犬でも同じなんやね」という考え方に、健さんは考えあぐねるように黙った。

その年の暮れ、沖縄から酒井氏を訪ねることにしたのは健さんの胸の閊《つか》えをおろす答えを見つけるためだった。早朝、大阪から滋賀県と京都府にまたがる比叡山に向かった。天台宗総本山延暦寺はこの山全域を境内にしている。その山懐、横川《よかわ》離れ谷に酒井氏の庵がある。

手に箒《ほうき》を持ち庭掃除していた酒井氏は午前中に到着した私を、「ずいぶん早《はよ》うお越しになったね」と笑顔で迎えてくれた。首元にはあの白いマフラーがあった。

それは対談終了時、玄関先で健さんが自分のマフラーを外し、「寒いでしょうから」と巻いてあげたものだった。

「あの後、ここは冷えるからと暖房器具まで送ってこられてね。ずいぶんとハイカラなもので、私にはよう触れなんだわ」

＊

「健さんのこと」

僕が坊さんになる前は、いろんな意味の葛藤《かっとう》があった。
生きていたことは生きていたんやけれど、
生きる目標、ひとつの心棒がなかった男でしてな。
怠けていたといえば、怠けていたと思いますね。
まとまって働いても、長くて三年くらいしか続かない。
それでちょいちょい仕事を変える。
能力もないのに、あるように思えてね。
宝くじ買うと、必ず当たるような気がするのと同じ。
仕事をすると、変な夢ばかりを持ってしまう男やった。

しまいには、かみさんも愛想を尽かしたのか、自らの生命を絶ってしもうた。
その時は辛《つろ》うてね。どうしたらええものか。
この世の瀬戸際まで追い込まれてしもうて……。
その時、何も考えずに歩いたんです。歩かされたというほうがええかな。
その道の途中、二股《ふたまた》に分かれている場所があった。
右に行けば友達の家。左に行けばお山（比叡山）。
友達のところへ行っていたら、
お茶を飲んだり、そのままずるずるとなっていたと思うね。
僕はなんとなく左の道のほうへ、とっとっとっと歩いたわけだ。
その時思うたことは、ただただ独りになる時間が欲しかった。
今思えば、僕には独りで歩くという宿命があったんやと思う。
亡くなったかみさんのことは三年間くらい、頭の中にちらついていたけど、
三年経ったらお山の修行のことでいっぱいになって、
これっぽっちも思い出さなくなってしもうて。
とうとう、何年何月に死んだのかも忘れてしもうたね。

薄情というのか……。けど、毎日、拝んでいる。
毎日がかみさんの法要の日と思うているから、赦《ゆる》してくれるかな。
(中略)
健さんが書いたもの、話してくれたことで、
この人がおっ母《か》さんをどんなに慕っているかがよう解った。
普通の人以上に母親を大切にするし、母親の愛をもの凄く感じるんやね。
僕も行をしている最中に母親に、
「肌襦袢《はだじゅばん》を縫って」
と頼んだことがある。
そうしたらいつまで経っても送ってこなくてね。
三カ月か四カ月くらい経って、送ってきた。
袋を開けてみたら、
いつもやったら縫い目がすーっときれいに入っているのが、
針目が乱れているんだよね。
あの時はどきんとしてね。

おふくろさんも歳をとったんやな、と思った。

同時にあの時ほど、

「お母んってええな」

と思ったことはない。

母親の愛情って、仏さんみたいなものやろな。

観音さんの慈悲とかいうけれど、

「お母ん！」

と頼って来れば、包みこんでな。

自分が苦しくても食べなくても子どもに与えてしまう。

一銭もなくても、最低のお金一円二円を残して、

「これ持っておいき」

とやるのが母親やないですか。

そういう母と子の絆が断ち切れていくのが寂しいね。

昔はおんぶするにも帯で縛って、
子どもがおっ母さんの肩に寄って、はなを垂らしたり、

寒いときはうずくまってたでしょ。
それで耳や頭の毛とかをいたずらしたりね。
たぶん健さんも、はなを垂らしておぶさった口やと思うよ。
だから、母親に対してどうしても断ち切れない絆を感じてはるんやと思う。
（中略）
誰しも人間だったら、老いていくことへの不安はある。
しかし、一日一生。
今日の自分は今日で終わり。
明日は新たな自分が生まれてくる。
今日、いろんなできごとやいざこざがあっても、
明日はまた新しいものとして生まれる。
こだわりを捨て、同じような過ちを再び繰り返さないために、
今日のうちにその過ちを修正しておけばええ。
最終的には息を引き取る時が、
人生の勝負やないかな。何があろうとなかろうと、

独りきりで旅立っていくんやから。
生まれた時と同じ。
何も持たずに旅立っていくわけやね。
赤ん坊か、くしゃくしゃの年寄りかの違いだけやね。
自分に課せられた人生。
仏様から戴《いただ》いた人生を、
「これだけ燃えつきました」
高倉健はそう言って逝ける、
数少ないお人やと思います。

*

帰り際、酒井氏が、「せっかくやから、お見せしたいものがある」とお堂へ導いてくださった。通されたのは意外にも仏様の裏側だった。
そこには、二つの位牌《いはい》があった。

「これは、健さんのお母さんとチエミさんです。

『僕は旅が多いので、手を合わせる機会もありません。

こちらに置かせて戴けますか』

と言われた。健さんのお母さんを想う気持ち、
そしてチエミさんへの想いがよう分かりました。

それから、毎日、供養させてもろうてます。

死に別れても一度結んだ契りはそう易々と切れるものじゃないんです。

健さんはそのことを重々悟っていたろうと思いますわ」

外に出ると、師走《しわす》だというのに風が心地よく感じた。

「この思いよ、健さんに届け」とばかりに、比叡の細道を下りる私の足取りは実に軽やかだった。

第三章　訣れの流儀

天空を仰いで

森谷司郎監督は黒澤明《くろさわあきら》組で五本のチーフ助監督を務めた無二のカツドウ屋である。作品は黒澤映画絶頂期頃の『悪い奴ほどよく眠る』『用心棒』『椿三十郎《つばきさんじゅうろう》』『天国と地獄』『赤ひげ』だ。

現場では黒澤譲りの完璧《かんぺき》主義を発揮し、一九七七年の高倉健主演映画『八甲田山』では大自然の脅威に一歩も引かず作品を完成し、記録的な大ヒットとした。

当時を健さんはこう語ってくれた。

「三年に及んだ撮影の間、ＣＭもやらなかったし、取材も一切お断りした。心も身体もそんな余裕はありませんでした。

朝は四時半起き、六時には衣装を着け終わり、点呼に加わる。飯を戴くなんてもんじゃない。昼食も夕食も、時には夜食まで雪の中で食べていました。凍りついたカレーライスをシャリシャリ音を立てて食べていましたよ。

当時、生活する金にも困ったことがあって、マンションや土地を処分して食いつなぎましたね」

この八甲田山に東京から足繁く通い続けた東宝の宣伝マン・白井《しらい》泰二《たいじ》さんがいた。

「初めてご挨拶《あいさつ》させて戴く時、高倉さんはちょうど食事時間でした。私が近づくや箸《はし》を置かれすっと立たれてから挨拶されました。僕らのような立場の人間は普段、そんなことをされることはまずありません。素顔の高倉さんも、観客の期待を裏切らない生き方を貫いていたことをはっきり覚えています」

白井さんは森谷司郎監督作品『海峡』（一九八二年）の時も宣伝を担当していた。『海峡』は、青函連絡船洞爺《とうや》丸《まる》事故から約三十年に亘《わた》り青函トンネル工事に執念を燃やす高倉健演じる国鉄技師らの物語である。

白井さんの胸に強烈に残る撮影秘話がある。

ダイナマイトで岩を粉砕する工事の撮影。炸裂《さくれつ》直前、作業員達がトンネル内を走って避難する。その二秒後に岩が破裂する危険なシーンが予定された。

俳優の演技の撮影後に、CGや合成処理で実写映像を加工するVFXの時代ではない。失敗すればまた何日もかけて長い坑道のセットを組み立てることになる。天井に仕掛けたダイナマイトのスイッチを、本番で誰が押すかをめぐってひと悶着《もんちゃく》起きた。

「現場は一瞬、こわばった空気になりました。その時、森谷監督が『俺が押す』、強い声でそう言いました。監督自身がスイッチを押すという裏には、絶好のタイミングを自分で選びたいという気持ちとは別に、万一、誰かにやらせて事故が起きたら、その人は一生悔やむことになる、そういう考えがあったんだと思います」

森谷監督が映画の世界に入り日が浅い頃、セットで子役が怪我をする事故が起きた。

その時、スタッフの不始末と責任の所在を追及する監督に対して、「この子の怪我が先でしょう！　救急車を呼びましょう！」とその場を収めた経験がある。

「製作中にもしもの事があったら、全ての責任は自分が取る。そういう〝当たり前〟をしっかり持ち合わせた人でした。芸術的職業人というより職人気質《かたぎ》の男っぽいタイプで、高倉さんもきっと森谷監督のそういうところに共感していたのだと思います」

森谷監督は一九八四年、『海峡』が公開されてから二年後、癌のために五十三歳の若さで世を去っている。

『八甲田山』の脚本を手がけた橋本忍《はしもとしのぶ》さんは、

「残念です。理屈ばかりを言う人が多い映画作家の中で、彼は言葉より先に行動する人でした。だから作品も生き生きとしていた。日本の映画界にとって大きな損失です」

そう語っている。

また、『海峡』に出演した吉永小百合さんは葬儀で、

「ロケでは厳しかったですが、普段はとても優しい人でした。

『厳しい自然の中でしか、いいドラマは作れない』と言われ、『今度はもっと明るい作品を作ろうね』と仰《おつしや》っていたのに……」

と別れの言葉を述べた。

森谷監督と公私に亘って親しかった白井さんは、葬儀の世話役に当たった。

「高倉さんは葬儀に姿を見せなかったが、意外には思いませんでした。もし来られるとしても、参列者のみなさんが帰った後、そっとやってくるような人です。人前で悲しい心をさらけ出すようなことは決してしない。八甲田山や竜飛岬で凍ったように立ちすくみ、シーン待ちしていた光景を思い出しながら、そう思っていました」

＊

健さんは映画撮影を祭りに譬《たと》えたことがある。

「クランクアップの日は全てのライトが消え、一緒に飯を食い続けていた仲間達が散開してゆく。その時の寂しさ……。幾つになっても慣れませんねえ……」

健さんは仕事が済めば旅に出る。道づれにしたのは孤独だった。その時、一面に曇った空や寒気を帯びた風が、森谷監督の不屈の生き方を偲《しの》ぶ縁《よすが》になっていたのかもしれない。

蛍火

映画『ホタル』（二〇〇一年）は、二〇〇〇年のラジオ番組の打ち合わせ中に、健さんへの「最近、感じたこと」という質問の答えに始まっている。

「うちでテレビを観ていたら、沖縄の海に散った特攻隊と、彼ら若者達に慕われた鳥濱《とりはま》トメさんという方のドキュメンタリー番組が始まったんです。画面から流れてきた『僕が死んだら、蛍になって帰って来る』という特攻隊の言葉が、ある痛みを持っていつまでも心に残りました。直接、本人から聞いたのではないのに、なんでこんなに心に突き刺さるんだろうか。その痛みが、映画『ホタル』の始まりでしたね」

特攻隊とトメさんのことを何かの形で伝え残したいという想いが日増しに募っていった

という。

「知覧《ちらん》（鹿児島県）には亡くなった特攻隊を慰霊するための燈籠《とうろう》がダーッと並んでいました。

それを見た瞬間、ゾクゾクゾクッとしましたね。

無性に不思議な縁を感じました。

彼らは自分達の持ち時間をどう遣いたかったのか。

たぶん、そんな事を考える暇もなく、南の海に散っていったんでしょうね」

「彼らをトメさんは毎日世話してあげて、

出撃前夜には当時はとても贅沢《ぜいたく》だった玉子丼を作ってあげて食べさせた。

そのお礼に、特攻隊は死んでも蛍になって、

トメさんのもとに還《かえ》ってくるという話ですからね。

何なんでしょうね。

やっぱり人を思いやる心なんでしょうか。

世話になったおばちゃんに死んでもお礼を言いたいという特攻隊の心。そういう想いの掛け方は、人間だけに許されたこと、人間が最終的に大事にしなければならないこと、僕はそう強く思いましたね」

カメラマン松村映三《まつむらえいぞう》さんと、映画『ホタル』の撮影現場（鹿児島県海潟《かいがた》漁港）にいた。彼はどんな厳しい現場でも、ちょっと見は俳優の田中邦衛《たなかくにえ》さん似の笑顔を絶やさなかった。重いカメラとバッグを一人で持ち、私が手伝おうとしても、

「これは僕の仕事ですから」

と言って譲らない。

「健さんが良いと言えば、どこへでも行きますから。必ず、声を掛けてください」

と言う松村さんの存在もあり、鹿児島の海潟漁港を皮切りに特攻隊の基地・知覧、長野県蓼科《たてしな》、静岡県の海岸……、ロケ地というロケ地を訪ねた。

大がかりな最終ロケ地は韓国釜山《プサン》から車で二時間半ほど行った安東《アンドン》市河回《ハフエマウル》村。ガイド本には「ここは朝鮮時代の景色が今も残る韓国唯一の民俗村」とあった。

私達取材班は迷わずスタッフ名簿に載せてもらうことになった。

釜山は港町として発展したとあって町の至る所が地元の人や観光客で賑《にぎ》わっていた。私達の宿泊先は古びたホテルだった。窓から見えるのは裏町の景色。全てがシルエットに沈んでいた。

翌日は早朝から河回村へ出発の予定だった。打ち合わせを兼ねて珈琲《コーヒー》好きな松村さんとラウンジへ向かった。私の目的は、取材の打ち合わせの他にもう一つ、松村さんが抱く健さんへの思いを聞き出すことだった。


松村さんは東京写真大学短期大学部を経て、写真家・高梨豊《たかなしゆたか》氏の助手としてスタートを切った。この頃、健さんは、三菱自動車のCMに出演し、国内外の撮影は高梨氏が担当していた。過酷な撮影が続く。松村さんはその現場でも若々しい豹《ひょう》のように走り回っていた。

夕暮れ時、ホテルに戻った頃には、乾ききった喉《のど》からは声も出づらかった。

草臥《くたび》れ果てていた松村さんに、

「珈琲でもいかがですか」

という声が掛かった。振り向けば、そこに高倉健が立っていた。

健さんは息を凝《こ》らして仕事に身を削る人が好きだ。それが立ち枯れてしまわないように水を掛けてくれる。

松村さんの心に、「いつか高倉さんを撮影したい」という夢が育《はぐく》まれてゆく。

その延長上に、高倉健主演映画『ホタル』の仕事があった。

この時は他社との共同取材。他のカメラマン達が良いポジションを押さえてゆく。ぐいぐい前に出る人もいた。松村さんは遠慮がちにカメラを向ける。健さんとのタイミングを合わせるのに苦労しているように見えた。

足元を見つめながら考え込んで歩く松村さんを夕食に誘った。

そんな時でも、彼は邦衛さんのような笑みを浮かべて、私がグラスに口を付けるまで、自分のビールに口を付けなかった。


撮影を終えたばかりの健さんに会って話を聴くことができた。

「河回村のロケに参加された叔母《おば》役の田淑（スーク・チョン）さん、綺麗《きれい》だったね。女性はああいう歳の重ね方が理想ですね」

その話から健さんのお母さんの話が出た。

「僕は四人兄妹。そのなかで一番身体が弱くって、おふくろの手を煩わせた。親父が発展家で満州国《まんしゅう》（一九三二〜四五年）まで出かけて行って仕事をしていた頃、僕は八歳だったか、結核の一歩手前の肺浸潤という病気になってしまった。兄妹に伝染《うつ》してはいけないと、母と二人で親類の家の奥の部屋を間借りして闘病生活を送っていた。その時、することといえば、本を読むことぐらい。本で覚えた字を壁に落書きしたね」

健さんの記憶からは消えていたと思うが、私は一度、同じ話を聞いたことがあり、「僕が闘病していた親戚《しんせき》の家」を紹介してもらい訪ねたことがあった。応対してくださったのはその家の主《あるじ》で、健さんの闘病していた頃の写真を大事そうに見せてくださった。生憎《あいにく》、闘病していた部屋はリフォームされていて、健さんが書いた覚えたての字は綺麗に消されていた。

父親は満州から帰ると、息子を見舞いに訪れた。頭を乱暴に撫《な》でまわすや、

「早《は》よ、元気になれよ。父さんがロシアの女の子を紹介してあげるからな。色が真っ白で、可愛い子だぞ」

常に前向きな父親だったと笑いながら語った。母の看病と父の励ましで健康を回復した少年はそこいらの男の子と同じように行動した。

秋になれば、近くの神社で相撲大会がある。優勝すれば自転車がもらえる。欲しくって出場するも投げられっぱなし。賞品は夢のままで終わった。

「家に帰るとおふくろが、『あなたは弱いんだから、相撲はやめんさい』、そう言って、擦りむいた向こうずねに赤チンを塗ってくれた。それでまた、『コンチクショー』と言って出ていくんだよ（笑）。勝てるわけはないのにね（笑）」

健さんのお母さんの話、この日は弾んでいる。

「母のありがたみを感じたのはずっと後のこと。おふくろに優しくなったとしたら、親父が死んでからだね。仕事で、父の葬式に遅れて帰った僕の顔を見たおふくろは、『もう右手がもがれたごとよ』。それが第一声だった。

死んだ親父を悪く言うのはいやだけれど、炭鉱で労務の仕事をしていた親父はとても女性にもてた人だから、長い間には親父を恨んだこともあると思う。それなのに、『右手がもがれたような気がする』と言うんですからね。それが夫婦の絆《きずな》なんだろうね。おふくろを（凄《すご》いなあ）と思いました。

所帯を持っていない自分が偉そうなことを言える立場じゃないが、浮気されたり、思うようにならない男でも、右手をもがれたような気がする人に出逢《であ》えたことは幸せなんじゃないか。親父がどこで浮気をしようが、放蕩《ほうとう》しようが、結局、幸せか幸せじゃないかはおふくろが感じることなんですね。

籍が入ったとか入らないとか、子どもを持ったとか持たないとか。そんなことよりも、悔いのない人に出逢えたかどうか。僕はそっちのほうがとっても大事だと思う。『ホタル』という映画は、戦争があった時代に、自分が悔いのない人に出逢えて、二人して支えあって人生を全うしたという夫婦の物語なんだなぁって、感じていますね」

＊

帰国早々、次のロケ地に健さんから私達二人だけにお呼びが掛かった。
雪が降りしきる北国。山岡《やまおか》（高倉健）、知子《ともこ》（田中裕子《たなかゆうこ》）夫婦二人の旅を回想するシーンだった。

脚本五十四ページ、シーン「六十九――雪原・北海道（回想）」
（昭和〇〇年・冬）

白一色の世界。
旅支度の山岡と知子、広がる雪原に入っていく。
雪を顔で受ける知子。

知子の声「雪って、冷たいだけじゃなくて、あんなに柔らかいもんて、
初めて知ったよ……」

山岡、知子を促して見させる。
知子「何？」と視線をめぐらす、
つがいの丹頂鶴。
オスが求愛のダンスを舞う。
知子　「あれ！」
二人、寄り添って見る。
丹頂鶴。

脚本は、ここで終わっている。

降旗監督も特別な指示はしていない。

だが、どうしたことか。健さんは急にコートやワイシャツを脱ぎ、「くわぁ、くわぁ、くわぁ」と鶴の鳴き声を真似て舞い始めた。その咄嗟《とっさ》の行動に笑い転げる妻・知子。呆気《あっけ》に取られるスタッフ陣。

全編をつらぬく、余命一年半と宣告された知子と山岡の純朴な夫婦愛。

病に心まで支配されず、二人で笑いあう。

遺《のこ》された時間への慈しみを、健さんは鶴の鳴き声を発し、手足をバタつかせて示した。

「はーい。カット！」

いつもと変わらない降旗監督の声が上がった。急いで、健さんに駆け寄り服を着せるスタッフ達。

雪道の帰路。ハンドルを握る松村さんは優しい笑みを浮かべている。

「いい写真になりそうです。ありがとうございました」

そう礼を言うのだった。

映画『ホタル』の撮影地・長野県蓼科。この直後、思いもよらない芝居をアドリブで見せた。
撮影・松村映三

母との旅枕

亡き人の面影が燻《くゆ》らす紫煙と共に浮かぶ。

煙草が社会のムードの一端を担った時代があった。

一九九六年からテレビ放送されたＣＭ「フィリップ　モリス　ＬＡＲＫ　ＭＩＬＤＳ」。

日本にある外資系広告代理店が高倉健を使ってのプレゼンを立て、それが米国本社をパスして実現した。

撮影は一九九五年に、ニューヨークで行われた。

滞在先のホテルへ向かう途上、健さんはらしからぬ声を上げた。

「ここは『ゴッドファーザーＰＡＲＴⅡ』に出たホテルだよ。『セント・オブ・ウーマン』でもロケされていたねえ」

アメリカを代表するホテル「ザ・ウォルドーフ・アストリア・ニューヨーク」を通り過ぎるまで、観た映画のシーンを語り続けた。

旅の仕方はそれぞれだが、健さんのニューヨーク行はハリウッド映画を外してはまず考えられない。言葉は軽くなるが、あらゆることが映画に繋《つな》がり、子どものようなはしゃぎようだった。

私達のホテル前にはサンタクロースカラーのダブルのロングコートを着たドアマンが立っていた。ロビーではそれぞれのルームキーを渡され、ベルマンが荷物を運び入れてくれた。

明日は、相手役の女性（モデルの原正子《はらまさこ》さん）だけがニューヨークから遠く離れた駅舎で撮影を行う予定だった。健さんは全体の流れを把握するためにか、ヘリコプターを駆って現地入りする。その打ち合わせを兼ねたクライアントとの夕食会が待っていた。

女性だけの高倉組は心細い夕食となるはずが、集合場所のロビーに健さん付き男性スタッフ二人がやってきた。

「旦那《だんな》（健さんをそう呼んだ）は来られませんが、僕らがご一緒します」

ニューヨークでの初夕食も健さんお勧めの中華レストランだった。

この日は、それぞれが好きなアルコールを飲み、かなりの品数と量を平らげていた。レストランからの帰りは、「少し歩きましょう」と誰かが言い出し、「途中で、高倉さんの部屋の花も買いたいし」と言えば、「珈琲も飲みたいですね」と返す声も明るい。タイムズ・スクエアを渡り、ブロードウェイ・シアターを仰ぎ見る頃、男性スタッフは腕時計を見返し、「僕らはここで失礼します」と言い残してタクシーに乗り込んだ。

残された私達はカフェに入り、その後、「えっ、ここに花なんかあるの？」と思われるレトロなマーケットに立ち寄り、売れ残ったような花に迷いながらも時刻は夜中の0時を過ぎていく。ニューヨークに詳しい女性を頼りにタクシーも拾わず歩いてホテル到着。夜更かしの傾向にある健さんを訪ねてみようということになった。

健さんルームの扉は少し開いていた。先客ありなら好都合と近づいた私達に聞こえたのは、

「何やっているんだよ。お前らは！」

健さんの怒声。

「ニューヨークの街に、女性ばかりを置いて何で帰ってきたんだ。気を遣う先が違うんだよ。仕事が終わるまでは緊張しろよ。油断するな」

相当の激高ぶり。先に帰った男性スタッフを叱りつけていたのだった。事情が汲《く》み取れた私達は足音を忍ばせ部屋へ戻った。

翌朝、私達が動き出す頃には健さんはもう出かけていた。

夕方、ホテルに戻ってくると、

「向こうは雪が降っていたよ。プラットホームに立つ原さん、まるでヨーロッパ映画のようだった」

撮影の上がりに満足な様子。翌日に撮影を控えたその日の夕食も、健さんの集中力を高めるためにバラ飯（スタッフが其々《それぞれ》に食事すること）となった。

翌日、ニューヨークは雪だった。

前日、撮影した原さんの駅舎シーンと繋がるシーンで、（原さんが乗る）列車が通過する鉄橋を見つめながら佇《たたず》む健さん。

出来上がったフィルムの惹句《じゃっく》は、

「一番大事な自分より、大事に思える人がいる。

不思議ですね、人間って。」

最終の撮影は深夜のダウンタウン。少年らの小競り合い。その仲裁に入る高倉健。

こちらのフィルムに付けられた惹句は、

「大人になりたいと思ったことはなかった。いつも男になりたいと思っていた」

記憶に残るCMには、それぞれの時代の夢や憧《あこが》れが詰まっている。

ずっとマネージャーのいない健さんは海外へも単身、やって来る。

私達が「手伝いましょうか」と声をかけても、「自分のことは自分でするから」と言って、手際よく着替えや身の回りの品々をチェストに納めていくのがいつものことだった。

ここニューヨークでもそうだった。

ホテルに着くや健さんはふらりと一階にあった花屋へ向かった。生憎冬枯れのマンハッタン。カトレアや薔薇《ばら》だけが美しく咲き誇ってはいたが、健さんは一瞥《いちべつ》しただけで素通り。

親指と人差し指で自分の鼻の先を赤くなるほど強く摘《つ》まんでいる。

この仕草が出るのは、（今一つなんだよ）という心中の呟《つぶや》きが聞こえてくる時なのだ。

すると健さんのこと、真冬のマンハッタンの街を、あろうはずもない路地花を求めて歩き出す気になってはいまいか。

部屋に戻れば、窮屈なカバンから取り出したセピア色の褪《あ》せた写真が窓際の小机に安置され、小ぶりの白磁の花器が花を待っているように見えた。

一枚きりのその写真は、赤ちゃんを抱いた優しい眼差《まなざ》しの女性で、生まれたばかりの健さんと若い頃のお母さんであるという。

「おふくろが亡くなった時、葬式にも出なかったからね。親不孝を詫《わ》びて、せめて一緒に旅をしようと思ってね。朝晩必ず線香をあげて手を合わせる。こんなに恋しいものだとは思わなかったね」

小さな有田焼《ありたやき》の香立ては白檀《びゃくだん》の香りを薫《くゆ》らせていた。

＊

その翌年には仕事で九州にいた健さんから声を掛けられ、スタッフらと糸島《いとしま》半島の別荘に立ち寄らせてもらった。

その時、こんな話を聴いた。

「うちのおふくろはブラシの部分がすり減って、ほとんど柄だけになってしまった歯ブラシを最後まで使っていたし、子どもたちがつけっぱなしにしてしまう家中の電気を『もったいない!』と言って消して回っていましたよ」

私達が滞在する別荘もお母さんのために建てたものだそうだが、門塀から玄関までなだらかな坂道を二十メートル余り下ったろうか。

「そげん長い坂を下りて行かねば家に入れんようなら、私は行かんとよ」

と言われ、今では仕事から解放された健さんが独りで立ち寄る隠れ家と化していた。

二〇一一年、私は『あなたへ』(二〇一二年、降旗康男監督)の撮影の無事を祈願するために、健さんのお母さんのお墓参りをさせてもらった。雨に濡《ぬ》れた私を気遣って、住職が庫裡《くり》に招いてくださった。

「健さんは墓参りにはよく来ていましたが、いつも私達には分からないように帰ってしまわれる。でも、お母さんの容態がようなくなった時、戸口に立たれ、『おふくろのことを宜《よろ》しくお願いします』と深々と頭を下げて帰って行かれた。その後、お母さんは亡くなりました。葬式には来られなかったけれど、健さんの気持ちは痛いほどよう分かりました」

結さんの助太刀

『高倉プロモーション』は所属タレントの健さんと事務方の女性の二人きりだった。

脚本選びやギャラの交渉、スケジュール管理まで、健さんが自ら行っていた。

そこまで自分を追い込んでいたので、撮影現場で傍らに引き寄せている人は心から気を許した人に他ならない。

結《ゆう》さんもその一人だった。

私が彼と最初に出逢ったのは、映画『夜叉』（一九八五年）のロケ現場だった。強面《こわもて》の彼は防寒着を着込んで寡黙に動いていた。映画のスタッフの仕事を詳しく知る由もない私が、彼が何者であるかを知るのに相当の時間がかかった。

福井県敦賀《つるが》のロケでは、居酒屋「螢」のカウンターに座る漁師の一人だった。都内のスタジオでは健さんの控室に陣取り、セットへの移動は彼が健さんの後に付いていた。取材で健さんの周辺をうろつき回る私に警戒の視線を送ってくることもあった。

スタジオ内で、健さんがセット待ちをしていた。誰と話すわけでもないが、「結ちゃん……」と、一言発した。その後、何を語ったのか少し距離を置く私には聞き取れなかった。

それから間もなくだった。その彼が私に一杯の珈琲を差し出した。

「高倉さんからです。飲んでください」

それからも撮影所で言葉を交わすことはなかった。やがてクランクアップ、そして試写会。スクリーンに映し出されたスタッフ・ロールに、彼の名前があった。


——製作補　佐藤結樹《さとうゆうき》——。


結さんはかつて、三船敏郎《みふねとしろう》率いる三船プロダクションの小道具会社に所属していた。

三船さんは俳優の他にプロデューサーとしての顔を持ち、都内で唯一時代劇が撮影できるオープンセットを持つスタジオを経営していた。そこでは、『太平洋の地獄』（一九六八年、日米合作）『レッド・サン』（一九七一年、仏伊西合作）『風林火山』（一九六九年）『新選組』（一九六九年）等、映画史に残る作品が作られている。

仕事仲間がこう話す。

「結さんはメリハリがあって、ハキハキしていて、やることをやって中途半端じゃなくって。高倉さんはそういう人が好きでしたね」

三船さんは黒澤明監督の影響もあってかスクリーンに映り込まない美術や小道具まで完璧に設《しつら》えることを要求した。それに応《こた》えるうちに結さんの力量が上がっていったに違いない。

＊

映画『四十七人の刺客』（一九九四年）は赤穂《あこう》浪士討ち入りを描いた池宮彰一郎《いけみやしょういちろう》の時代小説を原作に、市川崑《いちかわこん》監督が映画化したもの。赤穂藩家老、大石内蔵助《おおいしくらのすけ》を高倉健、妻を浅丘《あさおか》ルリ子《こ》さんが演じている。琵琶湖《びわこ》畔のロケ先に結さんはいた。

市川崑監督の取材も数日先にあった為、監督と健さんへの挨拶を考えていた。結さんはそれぞれの場所に私を誘った。

健さんの控室は蕎麦《そば》屋の二階の和室。そこで、健さんから、

「市川崑監督は女性を撮らせたら右に出るものがいないと言われている。男の僕をどう撮るのだろうか、僕の心配はそこ（笑）」

と背中を押された。


市川監督のヘビースモーカーぶりは有名な話で、キャメラを覗《のぞ》きながらも、前歯で嚙《か》みしめ、煙草の火が鼻先を焦がしそうな時もあった。

蕎麦屋の一席で休憩していた監督にも挨拶ができた。クランクアップ後の取材内容を簡単に告げるうちに煙草に火を点《つ》けられた。一本が灯《とも》り切るまでと、私は前の席に腰掛け、時代劇に高倉健をキャスティングした理由を伺うことにした。

「僕がこの映画の監督をすることになった時、東宝本社のほうから、『本人（高倉健）のOKはまだ出ていないんですが、大石内蔵助役は健さんで考えてくれませんか』という話をしてきました。思いがけないキャスティングに驚きました。

でも、その話を聞いた途端、（これは天の啓示だ！）と思い、その時、今回の大石のイ

メージが成り立ったんです。今までとは違った、新鮮な大石が！　会ってもいないのに、OKも取れていないのに、すぐに脚本の構想が出来上がりました。

今回の大石は、理念と煩悩の相克、男のエゴイズムと孤独感、それらを凝縮して、現代の息吹を十分に感じさせる人間像を創造する。それを健さんの個性と重ね合わせる。そこまで決めてから健さんに会いました。健さんと会うのは初めてなんですよ。思っていた通り、スターらしくないスターでした。結果的には、出演をOKしてくれました」

監督の煙草は吸いきる前に消された。助監督が蕎麦屋の入り口に立ち、監督に声を掛けたためだった。

撮影所の控室には、大石内蔵助が生きていた時代の年表が壁一面に貼られていた。私が、「これは誰が書かれたのですか」と問うと、健さんは、「こういうことするの、結ちゃんしかいないよ」

時代劇が苦手な健さんを微に入り細を穿《うが》ち助太刀していたのが結さんだった。

こんなこともあった。

健さん演じる大石内蔵助と浪士らが密議するシーンの撮影を控えた昼休み。髷《まげ》を濃紺のバンダナで器用に包み込んだ健さんは、ジャージ姿で珈琲を飲んでいた。

テーブルに山と積まれた誕生日のメッセージを、一枚一枚読むうちに、「うん？」と妙な声を上げた。

「死んだおふくろが文通していた人からの手紙だ。

『懐かしいでしょうから』と、おふくろの手紙を同封してある。

『高倉健は私の次男です』って書いてある。

間違いなくおふくろの字だよ。

それも眼が悪くなってからの字。ドキリとしたよ」

意外なプレゼントに健さんは驚きを隠しきれない。

その傍らで、結さんが額に笑い皺《じわ》を深く刻んで眼をまん丸にして、

「うわぁ、そいつは凄いなあ、凄いなあ」

と喜んでいた光景が忘れられない。

＊

それから四年後、結さんは突然、生死を隔てる敷居を跨《また》いだ。

その頃の健さんはＣＭの撮影、ニッポン放送のラジオ番組、そして映画『鉄道員《ぽっぽや》』（一九九九年、降旗康男監督）の撮影と多忙を極めていた。

輝きは色褪《いろあ》せずとも、家族、友人に先立たれる孤独に耐える日々を送っていたのだった。

橇《そり》犬とカレーライス

日本映画誕生百年記念作品として東宝が力を籠《こ》めて製作した『四十七人の刺客』。健さんにとっては、『祇園祭《ぎおんまつり》』（一九六八年、伊藤大輔《いとうだいすけ》監督）以来、二十六年ぶりの時代劇作品となった。

「高倉さんの台詞回しも振る舞いも、お武家さんそのものでしょ。〝高倉健〟は決して不器用な俳優じゃない。本当に巧《うま》い！」

人懐っこく笑った結さんの顔が忘れがたい。

今では、健さんも逝き、もしあの世という国があり輪廻《りんね》転生ですれ違いがなければ、是非とも再会してほしい二人だ。

結さんが代表を務めていた会社は今でもスクリーンでクレジットを拝見することがある。事情をよく知る人に聞けば、「結さんが亡くなった後、三船映画から一緒に仕事をしていた大坂和美《おおさかかずみ》さんが後を継いでいますよ」

そこで、間に入ってもらって大坂さんに連絡を取ることができた。

都内ホテルの食事処。昼時とあって周りの活気に押されぎみな大坂さんの声がその人の性格を物語っているようだった。二〇一九年一月から始まるNHK大河ドラマ『いだてん～東京オリムピック噺《ばなし》～』の仕事を前に、「現在、束《つか》の間の休暇」ということから生ビールでの献杯が実現した。

「高倉さんとは『南極物語』（一九八三年）が初めての仕事でした。自分は結さんの助手で作品に入りました。最初はテレビのドキュメンタリー番組企画でしたが、それが劇場映画になりました。

メインキャストに加藤剛《かとうごう》さんが候補に挙がり、続いて渡瀬恒彦《わたせつねひこ》さんが決まり、渡瀬さんから高倉さんに話が行ったようです。それで最終的に主演は高倉さんに決まりました」

「少数精鋭というのか、本当に少ない人数でした。スタッフは撮影隊以外、小道具二人とデザイナーの三人。当時、犬や車は小道具として考えられていましたから、犬橇隊一切合切、僕らの仕事でした」

スタッフは極地撮影なるがゆえの困難につきまとわれた。フィルムもカチンカチンに凍ってすぐに折れてしまうから、撮影部はフィルム・チェンジに気を遣う。

一方、結さんら美術部は、

「渡瀬さんに衣装を渡しました。それを試着した後、渡瀬さんは僕らをじっと見るんですよ。僕らの作業服が犬の世話やらでめちゃくちゃ汚れていて。それを指して『それがいい。脱げ』と言うんです。犬の匂いが付いているから撮影時も犬が自然に寄ってくる。

高倉さんが現場に入ると、『俺も渡瀬みたいに汚れているのがいい』と言い出しました。それから一晩かけてゴシゴシ汚れを付けましたよ」

照明もマイクも専門のスタッフはいない。記録映画さながらのハードな撮影は続いた。

大坂さんは準備のために撮影現場へ先乗りをし、疲労が重なっていた。

時を経てこの時の話を健さんはこう語ってくれた。

「あの時は北極で四カ月、ロケをしました。犬橇で移動して、夜になると一人三分間だけシャワーを浴びることを許される。そしてマイナス三十五度以下の氷の上で冷え切った寝袋の中に寝る。疲労が蓄積して、疲れが取れないんです。

南極ロケで本当に死ぬかと思ったことがありました。恐ろしいブリザードに襲われた時です。その時、風上に尻《しり》を向けて背を丸くして風をやり過ごす犬を真似て、命拾いしました。一生涯忘れられない経験ですね」

大坂さんは一カ月も前乗りしてこんな状況の中、歯を喰《く》いしばっていたのだった。

「北極へ入ってから三カ月ぐらい経った頃、緊張の糸が切れたというのか、自分が何をやっても不思議なくらい上手く行かなくなっていた。その頃、高倉さんに、『お前、なんか変だぞ』と言われていました。

ある日、高倉さんと渡瀬さんが犬橇で雪原を行くシーンの撮影で、自分は氷山の陰に隠れて、遠く離れた結さん（制作側）からの『スタート』の声を待っていました。けれど、犬は言うことを聞かない。せっかく合図があった時には、自分が犬橇の前でスっ転んだりしちゃって。結果、高倉さん達を待たせてしまった。高倉さんの様子を見ていた渡瀬さんが、『健さん、ヤバいぞ。直にキレるぞ』と言うので、自分はその状況を無線機で伝えました。それを受けて結さん達が来てくれて、高倉さんにスタートできない理由を説明していました。結さん達がキャメラ位置に戻ろうとした時に、高倉さんが、『今日はこいつを宿舎に帰らせろ』と言いました。なんだか凄く自分に腹が立ちました」

その晩のことだった。

「自分らは犬の訓練士と三人でエスキモーの空き家をねぐらにしていました。帰らされた夜に、ドアを叩《たた》く音がして。入り口を開けると、高倉さんが手にいっぱい栄養剤を持って立っていました。『これ、飲め！』。高倉さんはそれだけ言うと帰っていきました。高倉さんの宿舎は遠かったです」

行き詰まりだと思っていた前途に仄《ほの》かな希望が射したようだった。

こんな愉快なエピソードもある。

「『南極物語』の仕事の後でした。高倉さんが九州の知り合いから頼まれ事があったとかで、剣友会の人達と剣舞の練習をすることになりました。『個人的なことなので静かにやりたい』と言われ、練習する道場も小さく敷地も狭くって。

一緒に準備をしてくれた人達が練習の後に名高い料亭を用意してくれました。地元の議員達が偉そうに、『何でも食べてください』と。おまけに『高倉さん、写真を一緒に撮ってください』とか言い出して、人がどんどん集まってきちゃって。

高倉さんは、『今はみんなで食事をします。後で自分が別の場所へ行くので、写真はそこで』と言いいました。

さあ、食事だ。

高倉さんは迷わず、『カレーライスをお願いします』。それを聞いたみんなも自然の流れで『カレーライスを』。結さんは『みんな、カレーライスか。なんだか撮影所の昼めしみたいだな』って」

ちなみに、健さんの口癖の一つは「カレーライスと豚汁さえ食べていれば大丈夫」だった。徹底した体調管理を以《も》ってあたる俳優を、その後も、結さんらは支えていった。

映画作品でいえば、『居酒屋兆治』（一九八三年）『夜叉』（一九八五年）『ミスター・ベースボール』（一九九三年、米、フレッド・スケピシ監督）『四十七人の刺客』（一九九四年）である。

会社を経営する結さんは時には健さんの仕事から離れることもあった。

一九九六年、伊丹十三《いたみじゆうぞう》監督の『スーパーの女』に参加。そのロケハンの最中《さなか》、結さんは不調を訴えていた。

「最近、ちょっと調子が悪い。病院で診《み》てもらってくるわ」

検査の結果、「急いで治療することはないみたいだ。撮影が終わってからにするよ」。この話を聞き心配になった渡瀬恒彦さんから、「自分が行っている病院を紹介する」と言われ、そこで再検査を受けた。

話は急転直下。「すぐに入院しないといけない」と言われ、家族が呼ばれ大坂さんも同席したという。

「癌が隠れていました。余命は一年……」

家族は結さんに癌の告知をしなかった。

入院、自宅での静養、そして再入院。

ある日、「退院を許された」という連絡が入り、迎えの車を出した大坂さんに結さんは呟いた。

「最近、身体がまるで動かなくなっちゃったよ。どうしたらいいのかな」

大坂さんは黄疸《おうだん》に罹《かか》った結さんの横顔を直視できなかった。

「それから間もなくして再入院しました。高倉さんから電話を戴いたのはその頃です。病院へ来られた高倉さんを病室に案内した後、自分は一階のロビーにいました。高倉さんと結さんが二人きりで何を話されたのか、自分は聞いていません」

結さんはそれから間もなく息を引き取った。

一九九八年八月十日。四十八歳の時だった。


「その頃、高倉さんは富士通のCMをやられていて、結さんが亡くなった後、自分に仕事の話が来ました。スタジオに行くと、高倉さんが自分と握手をしたり肩を抱いたりする。事情を知らないスタッフは、『この人、誰?』みたいな顔をしていました。

撮影が終わり、『結ちゃんの写真が欲しい』と人を通じて仰ってこられました。急いで持って行った写真は病気をしてからのもので、とても痩《や》せていました。『これは嫌だ』と受け取ってもらえませんでした。

慌てて結さんの自宅へ行って、元気な頃の写真を家族に探してもらいました。それは受け取ってくださいました」

写真は喋《しゃべ》らないからこそ、雄弁だ。

『南極物語』の撮影で雪と風に激しく打ちのめされた後、少年の眼をこちらに向けている一葉。

映画が大好きな人だった。

健さんはこう語ったことがある。

「自分が弱った所は見せたくないし、自分が好きな人が弱ってゆくのを見たくないですね。これまでにも病院の入り口まで行って、会わずに帰ってきたことがある。人間的に冷たいんじゃないかと、時々思いますね」

別離した人達が懸命に〝生きていた力〟を思い出し、自分の生命に吹き込んでいく――。

それが健さんの訣《わか》れの流儀だった。

映画『南極物語』で男達の友情が深まっていった。左から大坂さん、結さん、健さん。
撮影・大隅隆章

第四章　「高倉健」逝く

寒青《かんせい》の刻《とき》

健さんがその晩年、肩を寄せ合うように過ごした人がいる。
映画会社の小道具部に籍を置く市丸洋《いちまるひろし》さんだ。
健さんが彼の自宅まで出かけて行き、何かと相談をする人である。
二人の出会いは映画『海峡』(一九八二年、森谷司郎監督)。
青森・竜飛岬のロケで健さんから、
「腕時計はロレックスがいいね。用意してほしい」
と言われた。
これには市丸さんも困り果てた。

「図々《ずうずう》しくも、『高倉さん、ロレックスはないですよ。予算的にもちょっと無理ですから、自前でお願いします』と断ると、『よし、分かった!』と言い、翌日にはご自分で用意していましたね。(腕時計なんか映らないのになぁ。気に入ったものを身に着けたいのかなぁ)、最初はそう思いました。

あとになって、(あの時代、青函トンネル工事を任される人なのだから、きっと時計も良いものをしていただろうなぁ)、そう思いましたが、ないものはないですからね(笑)」

このエピソードには続きがあり、顔をあげられないほどの風が吹き荒《すさ》ぶ岬でのこと。

「健さんから、『ジャンパーをあげよう』と言われて渡されたんですよ。宿に戻って着てみたら、僕は小柄だからサイズが合わない。翌日、理由を言って返しました。後で、『高倉さんから貰《もら》ったものを返す人なんかいないよ。大きくても戴いておくものだよ』と仲間に言われました。(そういうものか)と思いましたけど、もう返しちゃったしなぁ(笑)」

健さんを囲むスタッフの多くは、緊張のあまりに言いたいことも言えず、言わなくてはいけないことも、なかなか口にできずにいた。

その中で、市丸さんは自然体だった。

いつの頃からか、健さんは時間があれば傍《そば》に呼んで冗談ばかり言っていた。

初対面の私もこう紹介された。

「おい、市《いっ》ちゃんはスケベだから気をつけろよ。奥さんもいるよ」

市丸さんは顔を紅潮させて笑うだけだった。


その飄々《ひょうひょう》とした人柄を周囲も放っておかない。

映画『居酒屋兆治』（一九八三年、降旗康男監督）の現場で、食事をしていた市丸さんは、監督やキャメラマン達のテーブルに呼ばれると、

「屋台を引くラーメン屋の役で出てみないか」

と言われた。

シーンは兆治の店の前、健さんと「こんちは」と挨拶《あいさつ》を交わし、小料理屋のママ（ちあきなおみさん）からラーメンの丼を返してもらう。台詞もいくつかあり、なかなか堂に入った演技をしている。

健さんからの評価は聞いていないが、クランクアップの日、

「仕事が終わったら何するの？」

と声を掛けられた。

「ちょっと疲れましたから、うちのと温泉にでも行こうかなと思っています」

と答えた。

数日後、健さんは市丸さんを見かけるや、

「北海道の旅館を取っておいたよ」

と言った。

「健さんの予約とあってか、料理もサービスも申し分なかったです。しかも、全て払っておいてくれました（笑）」

一九九八年、紫綬褒章《しじゅ》（科学技術分野における発明・発見や、学術及びスポーツ・芸術文化分野における優れた業績等に対しての表彰）を受章された健さんに、多くの方から称賛の声が贈られた。その気持ちに応《こた》えて、「お礼の品を贈りたい」とする健さんの相談役が市丸さんだった。

相談場所はいつも二子《ふたこ》玉川《たまがわ》の自動車教習所の前だった。健さんは五島《ごとう》美術館（世田谷区上野毛《かみのげ》）方面から、市丸さんは自宅のある鎌田《かまた》（世田谷区）方面からそれぞれの車で向かってゆく。時刻は午後八時と決めた。そこに車を止めると健さんは運転席で、市丸さんは窓の外で立ち話をすることが多かった。

この妙な光景を幾度か経て、市丸さんから「扇はどうでしょうか」と提案し、健さんも賛同した。

日本文化の象徴である扇。面には〈寒青〉という文字を綴《つづ》ることにした。

「凍てつく風雪の中で、木も草も枯れ果てているのに松だけは青々と生きている」という意味を持つ「寒青」の二文字を気に入り、健さんは常々、「このように生きたいね」と語っていた。

扇の見本が完成し、最終段階である扇の地色を決めるに当たり、健さんは市丸さんのお宅へ足を運んでいる。

「扇の色を決めるんだから、陽のあるうちにお邪魔したい」

そう言った健さんは買ったばかりの大きなアメ車でやってきたそうだ。自宅から二、三分離れた場所に市丸さんの駐車場があり、そこにアメ車を止めることにした。運転に自信がある健さんだが、慣れない駐車場とあってかハンドルを切るや、〝ガガガッッ〟、妙な音がした。どうも縁石に車体を擦《こす》ってしまったようだった。市丸さんが恐縮していると、健さんは、「大丈夫、大丈夫」と言ってはいたが、その声の調子は多少うわずっていたそうだ。

そして、市丸家へ。映画好きの奥さんが珈琲《コーヒー》を淹《い》れてくださる。居るはずの愛猫二匹が姿を見せずにいた。

健さんは猫が苦手だそうだが、市丸夫妻はそれを知らなかった。知っていたのは、人間の心の機微を察知する猫達のほうだったようで、健さんが玄関に入るや押し入れの中に姿を消し、「にゃお」と鳴くことも尾っぽをパタつかせることもなく気配を完全に消していた。

市丸家への滞在は凡《およ》そ一時間。細部まで自分好みのものに仕上げようと幾度もマメに足を運ぶのが〝高倉流〟である。この時は、扇の地色を決めることにしていたが、最終的に柿渋色に決まった。私も一本頂戴《ちょうだい》したが、市丸さんには地に金箔《きんぱく》を貼ったものが届いたそうだ。

「金箔は二本作りました。おそらく一本はご本人が持っておられるでしょう」

健さんとの時間はただ矢のように過ぎていった。

不安が過った歩き方

紫綬褒章の扇から十年の歳月が流れ、市丸さんが定年を迎える年（二〇〇八年）のことだった。

「高倉さんから『渡したいものがある。待ち合わせは五島美術館の前にしよう』と言われました。五島美術館は高倉さんの家から近く、先に僕が着いて、高倉さんは後からやってきました。自宅から歩いて来られたようです。時々、ふらふらふらっとよろけるんですね。その歩き方を見て、（身体、大丈夫かな）と思いました」

健さんと別れた直後、市丸さんは心配のあまり私に電話を掛けてきてそう語った。

自宅を訪ねてもらえるほど近い関係の市丸さんが見て、「少し様子がおかしい」と言うのだから、私は（只事《ただごと》ではない）と思った。

それから三年後、映画『あなたへ』（二〇一二年八月二十五日公開）がクランクインした。物語は、健さん扮《ふん》する刑務所の指導技官・倉島英二《くらしまえいじ》が、妻の遺言を受け散骨のために妻の故郷・長崎県平戸《ひらど》へ向かう。その旅の途上の出逢《であ》いや別れを、「日常の暮らしの中の何気ない会話や行為を大切にしたい」とする降旗康男監督が描いたものだった。

その頃、市丸さんは定年退職を経て古巣の小道具部で嘱託として働いていた。健さんの気持ちを忖度《そんたく》した製作スタッフから「高倉さんに付いてもらえないか」という話を持ち掛けられた。

市丸さんは、（自分にとってこの仕事が最後になるかもしれない）と思い引き受けたという。

市丸さんには長年実現したい夢があった。

「撮影のパートごとにスタッフと一緒に写真を撮ってもらいたい、と思っていました。（高倉さんがそこまでやってくれるかな）と思いましたが、自分にとって最後の現場になるだろうから、言いたいことを言ってみようと（笑）。そうしたら高倉さん、『オーケー！』と言ってくれました」

健さんは、東映ニューフェイスで登場した頃の自身の失敗、諦念《ていねん》の思いを重ね合わせて、撮影現場の若者達を後押ししたかったのかもしれない。このプランを言い出した市丸さんは、健さんへの感謝の気持ちで一杯になった。


だが、試写会当日、フィルムを観た瞬間、市丸さんの心に痛みが走った。

「冒頭シーン、倉島（高倉健）が勤務地・富山刑務所の廊下を一人歩くシーン。これはクランクインして最初に撮影したものです。映画『単騎、千里を走る。』（二〇〇六年、張芸謀《チャンイーモウ》監督）以来五年ぶりにキャメラの前に立つわけで、八十歳の年齢を隠せない歩きでしたね。五島美術館前で見た高倉さんの歩き方と同じだったんですよ」

そう本音が出た。

後日、市丸さんを交えて一献傾けた席上で降旗監督は、

「僕も最初の歩きを見て、（健さん、大丈夫かな）と思ったんですよ。でも、富山から

（飛騨高山《ひだたかやま》、京都、大阪、竹田城跡、瀬戸内《せとうち》、下関《しものせき》）長崎へ撮影を続けるうちにどんどん元気になっていって。最後のシーン（門司《もじ》）では、（まだまだ行ける）と思いました。それで、『健さん、富山のシーン、もう一度、撮りましょうか』、喉《のど》のここまで出ていた言葉を飲み込んでしまったんですね」

私は『あなたへ』の撮影を前にして、松村カメラマンの「一緒に高倉さんの取材をしませんか」の声掛けを受けて、二人して取材願いを出した。

だが、撮影のクライマックスを過ぎてしまっても、「現場に来い」という健さんからの電話はなかった。

その翌年、私は母の介護の最中にあるという近況報告を添えて残暑見舞いのささやかな品を贈った。この時期、健さんはしゃがれ声になる。喉によいと言われる梨を贈ったように記憶する。

日ならずして見覚えのある厚手の封筒が届いた。

残暑見舞いをありがとう。
お陰様でこの夏も乗り切れそうです。
お母様との暮らし、悔いのないように……。
大切なのは、自分の心。
無理せず、くれぐれもご自愛を。

二〇一三年八月二十八日

高倉　健

「お母さんとの残された時間、苦しい時も明るさを忘れず、悔いなく過ごしてほしい。
あなたには成すべきことがある」
思えば、人生の節目節目で私は励まされている。
健さんは黙って逝ってしまった。

【健さん貫いた美学　病床の姿見せたくない…
見舞い許したのは2人だけ】

「〝鉄道員《ぽっぽや》〟の主人公のように死にたい」と身近で世話をする人に告げ、その言葉通りにひっそりと旅立った高倉健さん。スポニチ本紙の取材では見舞いを許された関係者は2人だけ。臨終にも病院スタッフだけが立ち会った。（中略）『いよいよ危ない』となったときに、（中略）映画会社2社のトップにだけ伝えられたが、2人が見舞った際には既に意識がなかったという。

（二〇一四年十一月二十一日スポーツニッポン）

その直後、市丸さんと弔いのための盃《さかずき》を交わした。
「（二〇〇八年の）五島美術館の前では、高倉さんから定年のお祝いにと時計を戴きました。その場でお別れをしようと思ったのですが、『市ちゃんが帰りのタクシーを拾える所まで送るよ』。そう言って、僕と一緒にずっと歩かれた。高倉さんの家からどんどん離れてしまって。その間、ずっと喋《しゃべ》っていました。いつもお一人でしょうから、誰かと話したかったのかもしれませんね」

市丸さんは健さんにとって気軽に話ができる相手だった。

「ある日、高倉さんから携帯電話へ電話がかかってきました。『市ちゃん。今日は、家にいますか』。その時、たまたま用事があって留守にしていました。『すみません、今日は家にいないんです』。そう答えました。『そうか。じゃ、またね』と言って電話を切られました。たぶん、近くに来られる用事があって、その帰りに立ち寄ってくださるつもりだったのかもしれませんね」

市丸さんがたまたま不在にした一日――健さんを迎えることができなかったことがよほど口惜しいと見える。

だからだろうか。定年と同時に群馬県榛名《はるな》の山荘へ居を移し、趣味となった畑での野菜作りの最中も片時として携帯電話を離さずにいた。


空の晴れ渡った小春日和の正午。

畑にいた市丸さんの携帯電話の着信音が鳴った。

「東宝映像美術のOBからでした。『市丸さん、テレビを観たか？』。『何も観ていない』。『エーッ！　高倉さんが亡くなったよ』。慌てて家に戻ってテレビを点《つ》けて、うちのと一緒に観たけれど、もう言葉がありませんでした」

健さんに近しい人達は口を揃えて、「健さんの魂に手を合わせたいが、どうしたものか」と戸惑いを見せる。

一周忌を前に市丸さんから相談を受けた私は、健さんが生前に私を案内してくれた福岡県にある小田家（高倉健の先祖）の墓参りはいかがだろうかと提案した。

市丸さんは即断した。

「高倉さんはいつもお母さんの話ばかりをしてくれました。『あなたへ』の時はこんな相談もありました。高倉さんが演じる主人公の奥さんが亡くなったあと、海に散骨するシーンがある。

そのシーンの前に、

『市ちゃん、監督にも、誰にも言うなよ。おふくろが亡くなった時と同じことをしてみようかと考えているんだ』

と言うんです。

話を聴けば、高倉さんはお母さんが亡くなった時、『あ・うん』（一九八九年）の撮影中で、故郷へ帰ったのは一週間遅れだった。

お線香を上げて拝んでいたら、

無性にお母さんと別れたくなくって、

骨壺《こつつぼ》の骨を一つ出してバリバリと齧《かじ》ったそうです。

お母さんの墓に参り、高倉さんの面影に手を合わせよう。

そうすれば大切にしていた日々に区切りがつくと思ったんです」

墓参の日、健さんの妹さん（敏子さん）は、生憎《あいにく》、海外旅行中。代わりに私達を案内してくれたのは、健さんの姪《めい》ごさんだった。

最寄《もよ》りの駅から菩提寺《ぼだいじ》へ向かうその車は「おじちゃん（健さんのこと）からの贈り物」だという。高級車の乗り心地に、今まですっかり忘れていた健さんとの小さな出来事が蘇《よみがえ》ってきた。

「健さんから電話を戴いた時、用事が済んで電話を切りました。切った後に、すぐベルが鳴って受話器を取るや、『おい。電話を掛けた相手が切るより先に受話器を置くものじゃないんだよ。わかったか』。大きな声で怒鳴られました。それからは相手が受話器を置く音を確認してから切るようになりました」

私がそう言うと、姪ごさんが、「私の時もまったく同じでした！」

明るい声だった。

太陽がまだぎりぎり山の端に引っかかっていた。

少年時代に健さんを柔らかく包んでいた夕陽は変わらない――。

「今頃、おじちゃんは何処にいるんでしょうね。いつか帰ってくれば良いんですけど」

そう話す姪ごさんの声は幾分湿っているように聞こえた。

市丸洋さん（左）、美術・小道具の助手らと。現場に一歩を踏み出した若者達に我が身を振り返っていたのだろうか。

撮影・工藤勝彦

去りにし夢

降旗康男監督の映画『夜叉』（一九八五年）に、印象深い場面がある。

覚醒剤《かくせいざい》に狂った矢島《やじま》（ビートたけし）。

彼を止めに入った修治《しゅうじ》（高倉健）のシャツを矢島の包丁が切り裂いた。

隠し続けた背中一面の「夜叉」の刺青《いれずみ》が剝《む》き出しになる。

修治の過去はたちまち漁師町に知れ渡ってゆく。

ビートたけしさんにはモノに憑《つ》かれたような迫力があった。そして刺青が露《あら》わとなった健さんの切々たる哀しみ。

昭和の日本人の情念を描く監督のセンスに感心するほかない。

嫋《たお》やかな女性像を描き多くのファンを持つ女流画家・福山小夜《ふくやまさよ》さんに健さんの肖像画を描いたきっかけを伺った。

「映画『夜叉』の時、健さんの背中の刺青の元絵を描かせて戴くことになって。その原画が完成した時に撮影所でお会いしたんです」

健さんは初対面の人とは滅多に食事をしないが、この日は、撮影所の近くの蕎麦屋《そばや》で小夜さんらとテーブルを囲んだそうだ。

「お蕎麦が出てくるまでの間、健さんが『男の人は描かないんですか』と。『機会があれば、僕の絵を描いてください』とも言わはりました。そう話しはる健さんの眼がキラッと美しく輝いたんです。私、一瞬、くらっとしちゃって。ふっと我に返ったと言ったらよいのか。気がつくと、美術の方が、『刺青の参考にするといいですよ』と健さんの写真集を渡してくれはった。要するに、私が描いた刺青のラフが駄目だったのね。『もう一回、描き直しを』ということだったんですね。

借りた写真集のページを開くと、凄《すご》く綺麗《きれい》な健さんがいました。その一瞬から、健さんに興味を持ったのね。任侠《にんきょう》映画も観ました。大宅《おおや》壮一《そういち》文庫（雑誌専門図書館）へ行って、健さんが出ている記事をたくさん読みました」

健さん亡き後、縁ある人達が語るエピソードのどれもがあの頃の撮影現場を見事なまでに活写している。

私には映画『鉄道員《ぽっぽや》』（一九九九年）の撮影時に忘れ得ぬ思い出がある。

日頃から映画出演の申し出がある中で、健さんが断る映画には公にされていないある基準があった。

「老人が死んでゆく話は切なすぎる」

「心が侘《わび》しくなるものは演《や》りたくない」

仲間内にだけはそう吐露していた。

だから、カツドウ屋達が健さんの出演を切に願った名作『無法松の一生』（福岡県小倉《こくら》を舞台にした人力車夫の物語。最後に行き倒れるシーンがある）や『老人と海』（アーネスト・ヘミングウェイの短編小説。老漁師が仕留めたカジキを狙うアオザメとの闘いを描いた作品）には首を縦に振ることはなかった。

映画『鉄道員』は原作が浅田次郎《あさだじろう》の短編小説。

物語の主人公・佐藤乙松《さとうおとまつ》（高倉健）は北海道のローカル線の終着駅、幌舞《ほろまい》駅の駅長。〝ぽっぽや〟一筋で生きてきた乙松も定年を間近にしていた。同時に幌舞駅もローカル線の廃止と共に姿を消すことになった。彼は乳飲《ちの》み娘《ご》を病気で失い、妻にも先立たれ、孤独な日々をこの駅舎で送っていた。

ある年の正月、ホームで雪掻《ゆきか》きをする乙松のもとに少女が現れる。その娘を、近くの寺の住職の孫だと思い込む。それは乙松に訪れた仕合わせなひとときの始まりだった。

だが、なぜ、健さんは、ディーゼル車キハを迎えるいつもの場所、幌舞駅のプラットホームで亡くなる役を受けたのだろうか。その疑問を胸に、北海道のロケ現場へ足を運んだ。


脚本四十二ページ、シーン「五十八――ホーム（回想・十七年前）」

乙松　「幌舞……幌舞」
　乗車口で切符を受け取ったり定期を見る乙松（高倉健）。

運転台から降りてくる運転士。

運転士「六分遅れだ。お茶よばれていいべか。(と行きかけて)あ、駅長ご愁傷さまです」

運転士、事務室へ。乙松、乗車口から中を見る。

まだ席についたままの静枝《しずえ》(大竹《おおたけ》しのぶ)が、固い顔をあげた。

ねんねこにくるまれた雪子《ゆきこ》の遺体を膝《ひざ》に抱いていた。

二人の対峙《たいじ》。

静枝「あんたそうやって、死んだ子どもまで旗振って迎えるのね」

乙松「……しかたねえ、ポッポヤなんだから。どうすることもできんしょ、おれが旗振らねえで誰がキハ誘導するの、誰が転轍《てんてつ》機回すの……」

静枝「あんたの子どもが……ユッコがこんな雪みたいに冷やっこくなって帰ってきたのよ!」

そして、遺体を乙松に渡し、両手で顔を覆って事務室へ。

乙松は、その妻の背を目で追いながら遺体をひしと抱きしめた。

ここで午前中のリハーサルが終わった。昼食の用意がある休憩所へ向かう監督と私はたまたま並んで歩くことになった。今しがた見たシーンに違和感を覚えたが、自分から監督に進言することなど出来るわけはなかった。

監督は道中の何気ない会話のつもりで、「どうですか」と問われた。それを機に私は正確な言葉を探し求めながら口に出した。

「あの、今のシーンですが、死んだ子どもを夫に渡すなんて、女には出来ないことです。愛《いと》しくって切なくって辛《つら》くって。子どもは自分で抱えて列車から降りると思うんです」

監督は、「ほっ、ほっ、ほう」と言うだけで、それ以上の言葉はなかった。

午後の撮影、シーン「五十八」の本番。

本番になると俳優、スタッフ以外は現場に近づくことができない。どう撮影されているのか、皆目分からない。

やがて撮影はクランクアップ。試写会で観た『鉄道員』に私は驚いてしまった。

シーン「五十八」は、哀惜の念に堪《た》えない静枝が〝遺体〟を抱き続けていた。

一ライターの私に印象を求め、それを受け入れて脚本を変えた監督の柔らかさに感服した。健さんはこの柔らかさに包まれ、自分の役どころに邁進《まいしん》できたのではないだろうか。

監督は映画のことについてはぺらぺら喋る人ではない。仕事を終えて好きな日本酒を口にした時に、その口の端に上る言葉に監督の嘘偽りのない気持ちが見え隠れする。

『鉄道員』の公開から数年経ったある日、監督と小道具の市丸さんの三人で、監督の家からタクシーでワンメーターの距離にある蕎麦屋で卓を囲んだ。いつものことだが、ビールを飛び越えて日本酒を味わう監督の頬が紅《あか》く染まる頃、

「『鉄道員』で江利チエミさんのデビュー曲である『テネシー・ワルツ』をよく使いましたね」

　小道具の市丸さんが口火を切った。

『テネシー・ワルツ』はチエミさんが一九五二年、十五歳でデビューした時の持ち歌で、以来、彼女の代名詞と言える歌だった。

「あれは、映画の話が動き出した頃、『プラットホームに立っている時、何か歌いたいな』と健さんが言い出してね。坂上《さかがみ》（順《すなお》）プロデューサーが、『どんな歌がいいですか』と訊《き》いたら、いつもそうだけど、健さんは何か考えている時ってまるで違う話をし始める。

その時も、ある人に軽井沢《かるいざわ》の別荘に呼ばれたと。その時に、『テネシー・ワルツ』を聴かされたと。帰り際に、そのCDを、『あげるから』と言われて、返すわけにもいかずに貰ってきたとか（笑）。

それから紆余《うよ》曲折があったけど、健さんが話に出した時は、『この映画にはテネシー・ワルツがいいんじゃないか』と言っているようなもの。それで、『夫婦の回想シーンに使おう』と僕が決めたんですよ」

映画の始まり。キハを運転する乙松は口笛で。夫婦の幸せな時間を回想するシーンの導入では、静枝が必ず『テネシー・ワルツ』を口ずさんでいる。幕切れの場面にも流れ、この曲が映画全体を印象的に盛り上げた。

断固として、「老人役は嫌いだ」という態度を貫き、強い男のイメージを崩したくなかった健さんが『テネシー・ワルツ』で氷解してゆくようだった。

降旗監督は、「もう、スーパー・ヒーローの高倉健じゃなくていいんじゃないですか。等身大の人間ドラマを撮りましょう」

そう言っている気がする。

これは、前述（『夜桜ぎんじ』）の新宿でのカツドウ屋達との同窓会で監督が語った、「普通の家庭に暮らす男が風呂《ふろ》場から『お～い。シャンプーがないよ。母さん、買っておいてくれって頼んだよねえ～』みたいな、健さんを撮りたいなあ」と語ったその夢が叶《かな》ったということなのだろう。

降旗監督を信頼する健さんもその申し出を受け入れ、心の奥底に秘めていた『テネシー・ワルツ』を劇中歌に使うことで「等身大の高倉健」を演じる覚悟を決めたのではないか。

そして、幌舞駅のプラットホームで亡骸《なきがら》となった乙松がしみじみと切ない『テネシー・ワルツ』にくるまれたように、健さんも鬼籍に入るまでチエミさんの冥福《めいふく》を祈り続けたように思えてならない。

去りにし夢
あのテネシー・ワルツ
なつかし愛の唄《うた》
……

昭和二十七年に大ヒットしたこの切ないメロディーを、今も不意に口ずさむ人がいるように、スクリーンの健さんも、誰かの悲しみや勇気に寄り添い続けることだろう。

ホテルパシフィック東京

「高倉健」を心身ともに支えた人達がいる。私が取材を開始した三十数年前には、その人達の存在は既にあった。彼らは「チーム高倉」と呼ばれ、私はその存在を知りつつも一線を引き、チームと健さんのつきあいを「見ざる。言わざる。聞かざる。」の姿勢で見守っていた。

健さんが夕方から日参する高輪のホテルパシフィック東京（当時）にある床屋の主《あるじ》もチーム高倉のメンバーである。彼は国内外どこであれ理髪のセットを持ってロケ現場に現れた。驚いたのは『海へ―Ｓｅｅ ｙｏｕ―』のロケ地、サハラ砂漠のど真ん中にまで健さんバサミを持って姿を見せたことだ。健さんのあのヘアスタイルは彼なくしては語れないのだった。

床屋の奥の一室を健さんが打ち合わせの場所として指定することもあり、その時には、主と挨拶を交わすが、必要以上の会話をしたことはない。

通された一室には、健さんの写真が掛けられていた。テーブルには電話が置かれていた。事情を訊けば、

「僕は仕事柄、これまでに色んな床屋へ行った。ある日、三島由紀夫《みしまゆきお》さんも常連だというこの店で髪を切ってもらった時、不覚にも寝てしまった。刃物を持っている相手を後ろにして寝てしまうなんて考えられないよ。ちょっと反省してね。次に行った時に、床屋の手元を観察したら、ハサミの動かし方がこれまでの所とまるで違う。実にゆったりしたはさみ捌《さば》き。嗚呼《ああ》、これかあ、と思っていたら、また寝ちゃってね（笑）」

それが病みつきになり、いつしか足繁く通い始め、奥の一室が健さんのスペシャルルームになったということだ。

「この電話の番号は後で聞いておいてくれ。何かあれば、ここに電話してくれ」

と言われ、床屋の主に番号を教えてもらった時は、健さんとチーム高倉のメンバーの触れ合いを少し近い場所で垣間《かいま》見られるようで嬉《うれ》しかった。

チーム高倉にはあと一人欠かせない男性がいた。健さんは車の事を何でも彼に相談していたらしいが、彼自身が何者であるか詳しく訊いた事がなかった。少し萬屋錦之介《よろずやきんのすけ》さんに似ている面持ちの彼はいつも夕食時になると現れて、健さんと床屋の主と連れ立って行きつけの店に出かけてゆく。その三人の後ろ姿を微笑ましく見送ったこともある。

健さんの父君は北九州の炭鉱で労務の仕事に就き常に若い男達を引き連れていたという話を伺ったことがあるが、その光景を彷彿《ほうふつ》とさせる三人の後ろ姿だった。

彼らの知識の広さと深さには舌を巻いたことがある。

たとえば、取材の最中、好きな映画の話になるや主演女優の名前をど忘れした健さんはやにわに携帯電話のボタンを押す。相手は床屋の主だった。仕事の手を休めてなのか、女優の名前どころか映画のタイトルや監督の名前まで正確に答えてくれる。

一方の車屋さんは車の購入から管理まですべてを任されていた。車の所有台数も一般の常識では考えられないほど多く、ホテルパシフィック東京の地下には専用の駐車スペースがあり、ずらっと車が並んでいた。他にも駐車場があったらしく、数台の車が滅多に訪れない主の来訪を待っていたという。

車にはまるで関心のない私に、

「お前が車を運転するなら、一台、あげるのになぁ」

と幾度もからかわれたことがある。

車屋さんにはもう一つ仕事があった。健さん所有のクルーザーの世話だ。

二〇〇〇年、沖縄で小型船舶の免許を取得すると決めた健さんから現地より電話が入った。

「沖縄なら受験する人なんか少ないだろうと思っていたら、とんでもなかった。もう凄い人数に舌を巻いているよ。周りの人から〝先生〟と呼ばれているしね。昨日は海上で吐いてしまった。試験が不合格だったら恥ずかしいよな」

お喋りの後の用件は、

「雑誌や本を見繕って送って欲しい」

だった。私は書店に出向き、健さんが好む建築の雑誌や絵画の本を十数冊、沖縄の馴染《なじ》みのペンションへ送った。

届くや、

「ありがとう。請求書は、〝プロ（高倉プロモーション）〟に送っておいてくださ〜い」

健さんの言葉の語尾が長く伸びる時は、心身ともに絶好調を意味している。難しい沖縄の海を舞台にした小型船舶の試験も一発で合格した。

健さんは以前からクルーザーを持っていたが、知り合いに舵《かじ》を取らせていた。それを自らが操縦したいと思いついたようで、思ったことはやり遂げずにはいられない性分を間近で見せてもらった。

健さんが東京にいる日は、ほぼ毎日、三人で夕食のテーブルを囲んだ。

一度、チーム高倉の夕食に遭遇したことがあった。青山《あおやま》の創作ダイニング「ブルドッグ」は芸能界やメディアの常連客が多いことで知られていた。評判の料理は分厚い特製お好み焼き。こちらも連れがあることから、挨拶もせずに遠巻きに見るとはなしに食事をしたが、チーム高倉の三人は何も語らず黙々とお好み焼きを平らげていた。

その様子が可笑《おか》しくって、帰り際に、店のマスターに、「いつもですか？」と尋ねると、「時々、お忍びで来られますが、いつもああいう感じですね」と話してくださった。

そういえば、ニューヨークでもロサンゼルスでも、ホテルの健さんルームを訪ねると身の丈二メートルはあるケースが二本立っていた。

私が、「これはサーカスの衣装ケースですか」と尋ねると、健さんから、「よく知っているねえ」と褒められた（？）。

部屋を出た私に健さん付きのスタッフが、「あの中にはチーム高倉の皆さんへのお土産が入っているんですよ」


チームへのプレゼントを買うために、自分への土産は後回しだった。

健さんはモノへの執着はなかった。

「CM出演料が一億円だとか、ローバジェット（低予算）の映画には目もくれないとか――自分が高いギャラを望んでいるように言われたこともある。

ようやく飯が食えるようになった頃、高倉健の名前を金儲《かねもう》けに利用されて、裏切られた経験が幾度もあった。それからだよ。相手が困ること、一番分かりやすいのはギャラだね。『出演料は一億円戴けますか』と提示してみて、本当に自分を必要としているかを瀬踏みしたりする。

それはこの世界で生きるものにしか分からない――とっても切ないことなんだよ」

チーム高倉の行方

茹《ゆ》でたての十割そばの味をキリッとした辛味大根が引き立てる——信州《しんしゅう》の里にも「チーム高倉」を支える一人の男がいた。

その人は現代日本を代表する刀匠として活躍した人間国宝の宮入行平《みやいりゆきひら》の二男《じなん》であり、氏の後継者・宮入恵《けい》（後の小左衛門《こざえもん》行平）氏である。

二人は兄弟のように付き合っていた。

「高倉さんは毎年節分の日の早暁《あさ》、この先の善光寺《ぜんこうじ》へ行かれていました。連絡を戴いた僕は近くの高速道路のパーキングへ急ぐんですが、その日はとても寒い日でした。

草履と薄い仕事着一枚でハァハァいって駆けつけた時、鼻が真っ赤だったようです。高倉さんは、『恵ちゃん、ごめんね。寒いだろう。鼻が真っ赤だよ』

よほど僕がストイックな暮らしをしていて、（防寒着もないのか）、そう思われたようです。それ以来、靴やジャケットや色々なモノをくださるんです。

面白いのは、ファックスです。

『恵ちゃんの所にはファックスなんかないだろう』と電話してこられ、僕が、『あります』と言ったら、期待していた答えではなかったのか、絶句されていましたね。

でも、後日、ファックス機が届きましたけれど（笑）」

健さんが亡くなった翌年、風の冷たさに秋の深まりを感じる坂城《さかき》駅（長野県）に私は降り立った。

『高倉健さんからの贈りもの（日本刀）』展の会場は駅から歩いて四、五分の距離にあった。展示は健さんが所蔵していた研ぎ澄まされた刀剣類八点など。

そして恵氏所蔵の一刀《いっとう》。この刀は、映画『四十七人の刺客』（一九九四年）のクランクアップ後に『アサヒグラフ』の取材で訪れた健さんが発注したものだった。

恵氏は当時の話をこう話してくださった。

「その時に、高倉さんは同田貫《どうだぬき》という刀をお持ちになった。こんな感じのものをというお気持ちだったのでしょう。同田貫という刀は高倉さんの出身である九州地方の肥後《ひご》の産で、実戦刀として誉れ高いものです。

それから三年後、刀が出来上がりました。連絡を差し上げると、ここにお出《い》でになり、白鞘《しろさや》に入った刀をお見せしたんです。それは精魂籠《こ》めた自信作でした。

高倉さんは手に取りじっとご覧になると、『恵ちゃん。悪いけれど、イメージしていたものと違う。キャンセルしていい？』と仰《おつしや》った。

ここまで来るのにいっぱいお金を遣っていたけれど、〝武士は食わねど高楊枝《たかようじ》〟という心意気で、『この刀なら直ぐにでも売れますから』とお返事しました。

本心は自分でも手応えがあったものだっただけに結構、落ち込みましたね。

その後、『知り合いに贈りたいから』と言われて、脇差や短刀を幾本も注文してくださいました」

キャンセルから凡《およ》そ十年余り、遺作となった『あなたへ』（二〇一二年）の撮影を前に、健さんがふらりと訪ねてきた。

「話が弾み、『あの刀、ご覧になりますか』と尋ねたら、高倉さんは、『まだあるの？』と驚かれました。

刀を見ていた高倉さんは、『こんなに美しかったのか。俺、これをもらうよ』と言われました」


十年余りの時を経て、健さんはなぜ刀を欲したのだろうか――。

心の疑問を恵氏に投げかけてみた。

「僕の作風は優しさを含ませたものだと思っています。見る人、手にする人に安心感を抱いてもらいたい。刀に守られているという安心感です。

六十代の高倉さんは、優しいモノよりもっと己を鼓舞する激しいモノを欲した。現に見本にお持ちになった同田貫は荒々しいモノの代表ですから。

僕が言うのは大変失礼なことですけれど、八十歳を目前にした高倉さんは人間としても成熟されて、老いや死に対しても超越感を持たれていた。

その時になって、血が通った温かな刀を受け入れてくださったように思います。

それに自分の為に作ったモノを売らずに手元に留《とど》めておいてくれた――そういう所にも魅せられる方ではないでしょうか」

恵氏の作刀道場は展示会場からほど近い場所にある。リフォームされたお住まいを見て、取材から二十一年の歳月が流れたことを実感した。

明るい陽が射す中庭で、健さんが山菜の天ぷらが添えられた大盛り蕎麦を頬張ったことを懐かしく思い返していた。

「あの方はとても真面目に生きてきた人ですね。そう強く思ったのは、高倉さんが通う床屋の奥の部屋へ通された時なんです。床に何足かの靴が置いてあって上等なモノのようでしたが、どれもがボロボロでした。ここまで履くのかと思ったほどです。捨てることはできるけれど、そうすると何か大事なモノが失われる気がしたのではないでしょうか」

その時、電話が鳴った。偶然にもチーム高倉の床屋の主だった。

電話を切った恵氏は、

「今回の展示会には来られないそうです。谷さんに宜《よろ》しくお伝えください、そう仰っていました」

普段通りの挨拶ではあったが、私にはその言葉は重要であった。

というのも、健さんの魂がこの世に戻るとしたら、まず一番に床屋の奥にある健さんルームに違いない、そう固く信じていたからだった。少し落ち着いたらその場を訪ねたいと思っていたのだが、いつにしたものかと考えているうちに日数が経っていく。

(嗚呼、健さんが繋げてくださった)と、勝手な思い込みをした。


坂城町から帰宅した私は健さんから、「何かあったら電話してこい」と教えてもらった番号をプッシュしていた。

(誰も出ないかもしれない)

(電話は取り外されているかもしれない)

そう思っていると、受話器を取る音がした。

床屋の若い従業員であろうか。私が名乗るや、

「お待ちください」

と相手は焦りの声を発した。電話に出た床屋の主も不思議そうな声を上げた。

私がこれまでのお礼を述べ、訪問したい気持ちを伝えると、

「電話を戴いただけで充分ですよ」

と穏やかな声が返ってきた。主の気持ちを考えると、それ以上のことは言えずに、無礼を詫《わ》びて電話を切った。二〇一五年十月のことである。

翌年二月十六日、健さんの誕生日に床屋に花を贈ることで自分の気持ちにけじめをつけようと考えていた。そして年が明けるや、花の手配をしようとホテルに電話すると、

「バーバーショップ〝S〟は昨年の十二月に閉店しました」

閉店の理由は主の健康上の都合だと、後日、聞くともなく聞こえてきたのだった。

いつか何処かで。

長丁場の撮影現場でスタッフの雰囲気を和らげたのが、健さんからの珈琲《コーヒー》の誘いだった。メイクのケイちゃんもよく誘われた一人だ。腕も性格の良さも申し分ない女子だった。健さんが旅先にお母さんの写真を同行させている。人の手を煩わせず自分で花屋へ行っては供え花を買っていることを知ったケイちゃんは、いつの頃からかホテルに荷物を置くとすぐに町の花屋へ駆け込むようになった。健さんが好む野の花がなければ、道の端に咲く小花を手折るのを私は見ていた。

私が同行しなかったイタリアでのCM撮影でもメインを務めた。やさしい心配りを発揮して意気揚々と帰国するのを待っていた私にケイちゃんから連絡が入った。

「お土産を渡したい」

と言う。赤坂《あかさか》の健さんの事務所の傍で落ち合った。

愉《たの》しい話が聞けるとばかり思っていた私の眼の前で、ケイちゃんの肩は小刻みに震えていた。

話の内容を掻い摘《つ》まむと、この撮影の間も、ケイちゃんは健さんからお茶のお誘いを幾度も受け、その度に仕事を手際よく片付けてはお茶に付き合ったそうだ。


こういう役回りの人がいると現場は助かる。

健さんの珈琲好きは周知の事実で、一日に二十数杯を数えることもある。それに付き合うのはかなりの時間と体力、気力を割くことになる。それに現地での細々《こまごま》した用事も気にならないと言えば嘘になる。

健さんもそれは承知の上だが、お茶に誘うのにも相性があるようで、その頃はケイちゃんがその役回りを果たすことが多かった。

撮影最終日の朝、健さんから、

「ケイ、朝ごはんに行こう」

と誘われた。このときは、ケイちゃんにはやるべき仕事があった。事情を話そうとしたとき、別セクションの先輩から、

「どうぞ。高倉さんとご一緒してきて。私が準備しておくわ」

と言われた。

メイクさんの朝の仕事といえば、トレーラーにあるメイクルームの準備。健さんの場合は、テーブルクロスに小さな花瓶。そこに好みの花を活《い》ける。そして、メイク道具をずらりと並べてスタンバイオーケー。ここまでを先輩スタッフがやっておいてくれるというのだ。

ケイちゃんはイタリア最終日の朝ごはんを堪能《たんのう》してホテルに戻った。健さんより一足早く現場に入ったケイちゃんが見たモノとは——。トレーラーのメイクルームに誰も入った形跡がなかった。灯《あか》りを点けて、自分の眼を疑った。メイク台は昨日、片付けたままの状態。急いで準備に取り掛かったのだが、健さんを待たす結果になった。

先輩スタッフは自分の仕事でいっぱいだったのか。それとも、他に事情があったのか。訊く余裕も勇気もなかった。

帰国当日、空港でケイちゃんは健さんから、

「もうお会いすることもありませんね」

と言われたそうだ。

ここまで話すといつも笑顔のケイちゃんの眼から大きな涙がこぼれ落ちた。

＊

時は流れた。


この原稿をまとめながら、古い取材ノートにケイちゃんの電話番号を見つけた。

今も東京で暮らしているのだろうか……。携帯番号にメッセージを送る。

返信は一分後にあった。

「お久しぶりです。

お元気ですか。

私ももう四十九歳です」

二〇一八年、台風の余波でしとしと雨の降る午後。

十九年ぶりの再会に私達はお互いの変わり様《よう》を微笑み合った。

今もケイちゃんはメイクの仕事を続けているという。


「高倉さんが亡くなられた時も撮影現場にいました。健康管理を徹底していた方だから、当然百歳過ぎまで元気でいると信じていました。

訃報《ふほう》を聞いた時、『病気は人を選ばないんだ』、そう思いましたね。

お悔やみしたい気持ちはいっぱいでしたが、私みたいな人間が連絡を差し上げてもご迷惑だと思って何もしませんでした」


一つ一つの記憶を、ケイちゃんは丁寧に思い返していった。


「高倉さんと仕事させて戴いたのは私が二十六歳から三十歳の五年間。丁度、CM撮影が海外で続けてあった時期でしたね。最後は、イタリアのシチリアでした。

そう。そこで、高倉さんから次の映画『鉄道員』(一九九九年)の仕事をしないか、と幾度か言われました。

『撮影は北海道。期間も長いから、その間、俺の髪を切れるか』と。

その頃には髪染めはやっていましたが、あの角っとした髪を切るのは、ちょっと恐れ多いなと思って、お返事できませんでした。

高倉さんの目には頼りなく映ったと思うんです。

多分、その頃のことですが、高倉さんに珈琲が用意された。それに口を付けた途端、『温《ぬる》いね』と。聞こえてはいたんですが、誰も代わりの珈琲を出さずそのままにしちゃったんです。そのことがずっと悔やまれて……」

「特に心に残っているのは、雪の降るニューヨークでも、準備が整うと背筋を伸ばした姿勢で現場にずっと立っておられた光景。

私は仕事の壁や失敗に悩んでばかりでしたけれど、いつの日か、高倉さんが私に心を開いてくれて、『疲れた』とか『寒い』とか言ってもらえるようなスタッフになろう、それが目標でもありました。

あの時代がとても恋しい」

健さんの「沈黙」にはさまざまな言葉があった。
他者を思いやっての行いは周囲の心まで温める。
彼女はそうした高倉健流の振る舞いを仕事の心棒にした。

助手だったケイちゃんは今ではメイク界の中堅処。一つの連続ドラマでは最終回までに延べ三、四十人の役者さんのメイクを手がけるという。若手を思い切って登用し、見守る立場となった。

「今日は本当にありがとうございました。あの頃の青春が蘇りました。出来る事なら、高倉さんにもう一度、会いたい。会って、キチンとお礼が言いたいです」

かつて高倉健と仕事をしていたことを、今の仲間内で敢《あ》えて口にしてはいないという。誰にも話さず、しまっておきたい感情もある。胸の奥にしまっておけば、遠い日の温《ぬく》もりは消えない。

会えてよかった。

「また、いつか何処かで……」

重く垂れこめた雲の切れ目から夕映えが美しく見えた。

あとがき　なぜ健さんは黙して逝ったのか

健さん映画には笑いを誘う俳優が必ずやキャスティングされる。古くは堺駿二《さかいしゅんじ》さん、森繁久彌《もりしげひさや》さん、由利徹さん……。そして、『網走番外地』シリーズで〝舎弟〟を演じた田中邦衛さん。

東映京都撮影所へ邦衛さんを訪ねた時のことである。控室の扉を開けると、すでに立っておられ、こちらに真っ直ぐな視線を向けると深々と頭を下げられた。次の撮影予定もあり、インタビューをすぐ開始した。どの質問にも正直に答えてくださる。

「ある時、『俺、転職しちゃおうかな、と考えた時があるんですよ。俳優辞めていっそ焼きイモ屋とか、ビル掃除とか、マッサージ師とか、どうですかね』と健さんに言ったら、『その中じゃ、マッサージ師が一番いいよ』。『で、健さんはいかがですか？』と尋ねたら、『俺か？　俺は転職なんかしないよ。このまま俳優を続けて、長い休みを取って、豪華客船のサンデッキで身体を陽に焼いていると、なぜか、そこに銀座《ぎんざ》ウエストのレアチーズケーキが届けられる。ありがとう、と言って食べたら、それが喉《のど》に詰まってね。健さん、息をしていませんね、みたいな。こんな最期がいいなあ』。この話、すごく、イカしてますよね」


この「船上での最期」は本人から聞いたことがある。

仕事がオフの日、時間に構わず一杯の珈琲《コーヒー》を愉《たの》しんでいる時であった。

また、フランス・イタリアばかりでなく日本でも社会現象にまでなった映画『グラン・ブルー』（一九八八年、仏伊合作、リュック・ベッソン監督）を観た後に、

「イタリアのシチリア島でダイバーのエンゾとジャック・マイヨールが世界記録に挑む。深海に潜ってゆくあのシーンを見ていたら、海の底に沈んでしまったまま、『健さん、浮かんできませんね』という最期もいいなあ」

そうした言葉は戯《ざ》れ言にしか聞こえなかった。というのも健さんはまだまだ健康に恵まれ、強靭《きょうじん》な肉体を保つべくジムに通っていた五十代の頃の話であったからだ。

だが、まさかの「戯れ言」に現実味が兆していく。

血液の癌である悪性リンパ腫《しゅ》が悪化し都内の病院に緊急入院した健さんは死の間際の不安を誰にも明かすことはなかった。

健さんの退《ひ》き際は枯淡の境地ではなかった。

「早く撮影現場に帰りたい」

と、映画への一途《いちず》な想いに身を捩《よじ》っていたのではないか。

不測の運命など疑いもしなかったからこそ、病を隠し、親しい人との交流を絶ち、親族にも知らせなかったのではあるまいか。

「大事なことはそうぺらぺら喋《しゃべ》るものじゃないぞ」という、自身の言葉にたがわぬ覚悟だった。

＊

健さんは九十歳までの俳優道を公言していた。あらゆる欲望をセーブし、強靭な肉体と精神を鍛え、それを具現化しようと努めた。

やがて、一縷《いちる》の望みが断たれようとした時、厳寒の網走、八甲田山、南極……。必死だった「あの頃」が心の底に蘇《よみがえ》り、

多くの仲間の顔が瞼《まぶた》に浮かび、

〝一生涯高倉健〟で終わる決心をしたのではないか。

健さん若かりし頃、東映京都撮影所で出逢《であ》った大御所俳優達は、映画以外にはほとんど出演せず、観客に私生活を見せない「銀幕のスター」だった。いつしか彼らは力強い陰翳《いんえい》だけをスクリーンに残して、この世からきっぱり姿を消してしまっている。その天晴《あっぱ》れなまでの生き様《よう》が健さんの心の内に残像のように消えずにいたのではないだろうか。

横浜《よこはま》に繋留《けいりゅう》されていた自艇も、ホテルの地下駐車場を含め数カ所にあった十数台の愛車も処分され鉄くずになってしまったと聞く。

毎日通った床屋の一室に置き愛用した品々さえも、「自分が生きてきた痕跡《こんせき》を博物館みたいな所で晒《さら》されるのは真っ平ご免。すべてをこの世から葬り去ってほしい」と言わんばかりに、数えきれない思い出を捨て去り、スクリーンで跋扈《ばっこ》した「我らが健さん」のままこの世から消えることを心底願ったのだと思う。

その背中を押したのは、酒井大阿闍梨の「死に別れても一度結んだ契りはそう易々と切れるものじゃない」という言葉。

それを心の杖《つえ》に迷いを断ち切っていったのではないか。


愚痴をこぼさず。衰弱する姿を見せず。故郷の空を遠ざけて……。


昔、旅先で健さんが語ってくれた。

「死にゆく時、愛する人にその姿を見せないで逝く」と。

その言葉を反芻《はんすう》しながら自分の逝く道を探し求めていたのかもしれない。


健さんの最期を知った瞬間、天空を駆け巡る健さんを観た。

それは人としていかに生きるべきかをスクリーンに刻みつけてくれた、健さんの晴れ晴れしい姿だった。

身内の哀しみに比べれば私達の哀しみはその比ではない。

せめてできることといえば、煩わしい世の習いから解放された健さんに、
「ありがとうございました。
チエミさん、そしてお母さん、お父さんと一緒に、
人目を憚《はばか》らず思いっきり幸せになってください」
そう呼びかけることだけである。

二〇一八年　霜月　冬凪《な》ぎの刻《とき》

谷　充代

『高倉健の身終い』使用楽曲

P.30
『網走番外地』 作詞／タカオカンベ 編曲／山田栄一

P.209
『テネシー・ワルツ』 訳詞／和田寿三
TENNESSEE WALTZ
Pee Wee King / Redd Stewart

谷　充代（たに・みちよ）
ルポライター。1953年東京都生まれ。フリー編集者として白洲正子、三浦綾子などのルポルタージュを手がける傍ら、1980年代半ばから2000年代まで高倉健をめぐって様々な取材を重ねてきた。ラジオ番組をもとにした『旅の途中で』（高倉健、新潮社）のプロデュースを担当。著書に『「高倉健」という生き方』（新潮新書）がある。

高倉健《たかくらけん》の身終《みじま》い

谷《たに》　充代《みちよ》

2019年 1月 10日　初版発行
2025年 5月 15日　10版発行

◆◇◇

発行者　山下直久
発　行　株式会社KADOKAWA
〒102-8177　東京都千代田区富士見 2-13-3
電話　0570-002-301（ナビダイヤル）

装 丁 者　緒方修一（ラーフイン・ワークショップ）
ロゴデザイン　good design company
オビデザイン　Zapp!　白金正之
印 刷 所　株式会社KADOKAWA
製 本 所　株式会社KADOKAWA

角川新書

ISBN978-4-04-082290-7 C0274